新たな時代の学びを創る

小学校

国語科教育研究

全国大学国語教育学会 編

東洋館出版社

まえがき

　阿部昭に「言葉」という小説（『阿部昭18の短編』，福武書店，1987所収）がある。「私の四歳になる息子はいまだに多くの片言をあやつる。私はそれを一々直してやらない。直していたらきりがない。いずれそのうちには直るだろう。それに、息子がくちばしる不思議な言葉を聞いていると、私もなにかと参考になる」と始まる。「息子がくちばしる不思議な言葉」のさまざまと父親である「私」とのやりとりがゆたかに描かれる小説である。「息子」の言葉はとても微笑ましい。が、それ以上に、その姿を見つめて、描いている「私」の視線はあたたかい。どうしてあたたかいと感じるのか。

　この「私」はまず、「四歳になる息子」の言葉をしっかりと聞き取っている。次に、言い間違いをすぐに間違いと断定して直すようなことはしない。また、息子がどうしてそのようなことを言うのか、細やかに考えている。最後に、「私」は息子のそばに寄り添っている。息子の隣で息子の話に耳を傾けているのである。

　この「私」の姿勢は、あたたかさを感じさせるばかりでなく、子どもとその言葉にどのように寄り添うのかということを考えさせてくれる。子どもの言い間違いを「一々直してやらない」からこそ、「息子」の言葉は広がりを見せ、それについて「私」は愛情を注ぐ。

　小学校の国語の授業ではどうだろうか？　果たして「私」のように子どもの言葉を聞き続けることができるだろうか？　耳を傾けることで、子どもの豊かな表現をつくり出すようにしているか？　子どもに言葉についての発見をもたらす授業になっているだろうか？

　わたくしたちが国語の授業を行うのは、子どもの言葉を成長・発達させるためである。言葉で広く深い体験をして、言葉で人を育て、わたくしたち自身の言葉を育てるためである。学んだ言葉で日々の暮らしをゆたかなものにしていくためである。そして、言葉によって得られたゆたかで知的な宝物を分かち合うためである。

　この『新たな時代の学びを創る　小学校国語科教育研究』は、そのようなことを願いながら、小学校教員養成における「国語科教育法」関連科目のテキストとして企画され、編集された。国語科教育の研究と実践をリードし、推進してきた全国大学国語教育学会の力を結集して、これからの時代にいきる子どもたちの言葉を育てるための初等国語科教育の研究・実践に対する新たな取り組みを示している。新しい国語科教育を進めていく起点としていただければ幸いである。

2019（令和元）年9月　　　　　　　　　全国大学国語教育学会理事長　山元隆春

Contents

まえがき……1

I 国語科教育の意義

1. 母語教育と国語科教育……6
2. 国語教育と国語科教育……9
3. 資質・能力と国語科教育……12

II 国語科教育の構造

1. 国語科教育の目標と学力……16
2. 国語科教育の内容……20
3. 国語科教育の方法……24
4. 国語科教育の評価……28

III 国語科授業の計画

1. 学習者の実態とその把握………34
2. 年間指導計画・単元計画………38
3. 学習指導案の作成………42
4. 教材研究………48
5. 教材開発………52
6. 国語科の学習過程………56
7. 「言語活動」の構想………60

IV 国語科授業づくりの実際

1. 知識及び技能を育てる授業づくり………66
   1. 言葉の特徴や使い方………66
   2. 情報の扱い方………75
   3. 我が国の言語文化………78
2. 思考力、判断力、表現力等を育てる授業づくり………88
   1. 話すこと・聞くこと………88
   2. 書くこと………104
   3. 読むこと………125

V 初等国語科の歴史

1. 明治期………146
2. 大正期・昭和戦前期………146

3. 昭和戦後期……147

VI 国語科教育の現代的課題

1. カリキュラム・マネジメント……152
2. 国語科における問題解決学習……155
3. 国語科における協働学習……158
4. 図書館活用……161
5. メディア・リテラシー――媒体の特徴だけでなく、その仕組みや社会・文化的な意味についての学習の重要性――……164
6. デジタル教材（ICT 活用）……167
7. 国語科教育とインクルーシブ教育……170
8. 国語科教育と日本語教育……173
9. 幼小連携……176
10. 国語科教師の専門的力量形成……179

付録1　近代国語教育史年表……182
付録2　小学校学習指導要領　国語……188

索引……199

I

国語科教育の意義

1. 母語教育と国語科教育

1）洪さんのこと

　日本占領時代の台湾において、台北市立西門小学校（旧台北市壽尋常小学校）に通っていた洪健昭さんは、国語科の時間に、日本語の書くことや読むことを習い、家に帰ると、家族とは、台湾語（閩南語の一種）で話していた。

　日本が第二次世界大戦で負け台湾から引き揚げた後に、台湾には中国大陸から中国国民党が上陸し、教育制度もがらりと変わった。洪さんは、今度は国語として中国語（北京語、普通語）を習うことになった。洪さんは、苦労して中国語を勉強し、社会に出た。

　洪さんは、「国語」に翻弄され続けた。

2）母語とは　国語とは

　母語とは、自分が生まれて家庭などで最初に触れ習得する言語のことである。第一言語ともいう。洪さんの母語は台湾語であり、家庭では台湾語で話すことが当たり前だった。

　母語とよく似た用語として「母国語」という言葉もあるが、これは母語とは全く異なる。「母国語」は、自分が生まれた国や地域の言語と言う意味で、後で述べる国語や公用語の意味に近い名称である。

　国語とは、その国家を代表する言語のことである。国家が法律などで定める場合もあるがその場合は公用語ということもある。公用語の場合は複数の言語を指定することもあるが（インドではヒンディー語と英語）、国語と言われる場合は一つの言語になる。国語は、その国の代表的な言語ということになるが、決して多数の人々が使う言語とは限らないし、多くの場合、国家などが人

工的に作ったものが国語とされることが多い。

　国語という名称は、世界的にはあまり使われていない。日本以外では、中国や朝鮮半島や台湾が代表的なところである。多くの国や地域は公用語という用語を使用する。洪さんのいた台湾は、日本占領時代は日本語を国語としていたが、中華民国政府樹立後は、中国語が国語となった。しかし、洪さんの母語はずっと台湾語だった。

　日本占領時代の台湾の国語は日本語だが、多数言語は日本語ではない。また、中華民国政府樹立後の台湾の国語は中国語だが、中国語を話す人は中華民国建国直後では少数派であった。国家や政府が行政を進めやすくするため、また、民衆を統治しやすくするために国語が定められた。

3）母語としての方言　国語としての共通語

　私は妻と話すときは、関西方言（関西語）を使用する。私も妻も兵庫県出身であり、母語が関西方言（関西語）だからである。一方、大学で授業するときは、共通語に近いアクセントで話し、語彙も文法も共通語に近いものを使う。私が文章を書くときは、関西方言（関西語）で書くことはめったにない。書き言葉に関しては、小学校国語科で、徹底的に共通語で書くことを学んできたからである。このように、私は、国語としての共通語と母語としての方言とを使い分けているのである。その姿は、先程の洪さんと連続するものである。

　日本に住む多くの人にとっては、母語は第一言語としての日本語方言、国語は学校で学んだ日本語共通語となるのだろう。また、外国にルーツをもつ人は、母語がベトナム語と日本語方言のバイリンガル、国語は日本語共通語という人もいるだろう。

　そもそも日本の国語である共通語は、明治時代以後人工的に作られたものである。中央集権的な国家・政府をつくることを急ぎ、東京方言を基に、話し言葉、書き言葉が定められ、標準語とされてきた（その後共通語と名称が変わる）。当時標準語を話したり書いたりできる人は日本でも数少なかった。それが急速に広まったのは、学校における国語科教育の影響だった。このように、

国語および国語科教育は、政治の影響を強く受ける。

4）母語教育と国語科教育

　母語教育は、自分が生まれながらに習得した母語をよりよくしていく教育である。常に発展途上にある。多くの人は人とのコミュニケーションに悩む。また、論理的に思考したり、広く深く想像したりしたいと考えている。

　母語をよりよくしていくことは、もっぱら家庭（昔は地域でも言葉遣いについて指導する人々がいたが）で行われるが、このような家庭教育としての母語教育は非意図的に行われるのが自然である。一方、学校で行われる意図的な国語科教育ではもっぱら共通語の読み書き、聞く話すが行われており、すぐに母語の育ちに役立つとは限らない。

　国語科教科書には話すこと聞くことの単元に教室の話し合いの場面が描かれていることがある。しかし、それをそのまま読んだり演じたりしようとすると違和感を感じる。それは、教科書に掲載されている話し合いが共通語で（しかも丁寧な言葉づかいで）行われているのに対し、普段の学校での話し合いが方言で（しかもだいたい普通の言葉遣いで）行われているからである。共通語での話し合いを学習したからといって、ただちに方言での話し合いに役立つとは限らない。

　国語科教育を学び、行うものは、子供の母語の育ちに役立つように、子供の母語に響くような、国語科授業づくりをこころがけなければならない。その際重要なのは、共通語で書かれている教科書以上に、教師が話す言葉であり、生きた言葉として使われるその教師の母語である。国語科教育の場が、母語と母語とが出会う母語教育の場にもなるような授業づくり、学級づくりが求められる。

（難波博孝）

引用・参考文献
難波博孝（2008）『母語教育という思想』世界思想社
安田敏朗（2006）『「国語」の近代史―帝国日本と国語学者たち』中央公論新社

2. 国語教育と国語科教育

1)「国語教育」と「国語科教育」の定義

「国語教育」と「国語科教育」——どう違うのだろうか。

1900（明治33）年8月20日、小学校令改正により読書・作文・習字科が統合され、小学校に教科「国語科」が設置された。小学校における「国語科教育」が誕生したのはこの時である。これについて大正から昭和にかけて広く教育界にも影響を与えた民俗学者柳田国男は、「明治初年の小学校設置以前」、「日本には国語教育が無かったのか」と問い掛ける。皆さんは、どう考えるだろうか。

柳田は、幼児期の遊ばせ唄、折に触れて習得する諺・慣用句の類い、実の場に根ざした挨拶の口上や敬語、適切な言葉の選択など、子供を「一人前」にする話し言葉の教育を「昔の国語教育」と名付けた。家庭や地域社会で「国語教育」が営々と積み重ねられてきたからこそ「我々の国語が、是ほどまで昔の姿を保存し、又これだけの優れた成長を遂げた」のだと説く。今日も基本的には柳田の「国語教育」観の延長線上に「国語教育」の概念は捉えられている。たとえば、次の定義が一般的である（浜本 2018）。

「国語科教育」：学校における教科としての「国語科」の教育
「国語教育」：広く家庭・学校・社会で行われてきた母語の教育

すなわち、誕生から老年に至るまで私たちの言語生活の土壌を育むものとして「国語教育」は捉えられてきたのである。

2)「国語」の確立と「国語科」の成立

だが、この定義には矛盾も含まれている。「母語」＝「国語」という図式に

あてはまらない人々にとって「国語教育」とは何か、あるいはそもそも「国語」とは何を表すのかという問いが存在するからである。

　山形県出身の作家井上ひさしの戯曲『國語元年』を読むと、「国語」の必要性が認識される前後（明治初年）の様子が想像しやすい。この戯曲は、「全国統一話し言葉」（文明開化語）を制定せよと命じられ、さまざまに苦悩する南郷清之輔(なんごうせいのすけ)を主人公とする物語である。前近代、それぞれのお国言葉（地域語）が発達し、互いに通じ合うことが困難な状況にあった。たとえば、「大きい」という言葉一つをとってみても、京言葉では「イカイ」、長崎言葉では「フトカ」、鳥取言葉では「オーケー」など多様な表現があったのである。そのため近代になると、こうした地域差をこえ、全国どこでも「普(あまね)く通ずる語」＝文明開化語が切実に求められたのである。

　もう一つ、「国民」としての権利を行使し、義務を果たすように人々を教育する上で重要な課題があった。「言文一致体」の確立である。前近代には古典漢文の教養が求められ、文字文化（読書能力）を享受できるのはごく限られた人々であった。全ての人々が文字文化を身に付けることが求められる近代国家では、日常の話し言葉と文字との隔たりをできるだけ少なくし、文字を学びやすくすることが急務だった。

　こうした近代国家としての基盤をなす言語教育の確立のための二つの課題——全国どこでも「普く通ずる語」と言文一致体の確立——に取り組んだ中心人物が、文部省専門学務局長であった言語学者上田萬年(かずとし)である。1889（明治22）年、「小学ノ教科ニ国語ノ一科ヲ設クルノ議」を発議した上田は、日清戦争の頃、『国語のため』（冨山房、1895年）を著す。この書の裏扉には、「国語は帝室の藩屏(はんぺい)なり／国語は国民の慈母なり」と書かれている。さらにこの書では、現在とそう変わらない「言文一致体」が実践され、また東京山の手の言葉を標準とする「標準語」の創出が提起された。こうした上田を典型とする議論を経て、①「国家」や「国民」のまとまりを形(かたち)づくる言語、②近代化を支える言語（言文一致体と標準語）の二つを実現するものとして、すなわち国家の「教育的基盤」として「国語」概念が確立される。それに伴い、明治33年、小学

校「国語科」が成立し、さらにその土壌となる「国語教育」という概念がしだいに一般化していくことになるのである。

3)「国語教育」と「国語科教育」の光と影、そして光

「国語科」誕生以前の「読書・作文・習字科」は、前近代の文字（読み書き）中心の言語教育観を示している。それに対し、「国語科」の内容としては「尋常小学校ニ於テハ初ハ発音ヲ正シ仮名ノ読ミ方、書キ方、綴リ方ヲ知ラシメ（以下略）」（明治33年8月21日発令「小学校令施行規則」）と定められた。話し言葉の領域が冒頭に位置づけられ、それを土台として読み書き教育へと進める言語教育観が示されている。こうした「標準語」へと発音を正すという方向性は、地域に根ざした話し言葉の抑圧という事態も生んだ。一方で、話し言葉の領域を基盤とすることによって昭和前期から戦後にかけて、柳田国男、西尾実、大村はま、倉澤栄吉らにより子供のありのままの言語生活に依拠し、生きて働く言葉の力を育む学習者中心の国語教育観へと発展し、今日に至る。

私たちは、少子化を背景に日本語を母語としない子供が増えるグローバル化時代に、「国語教育」と「国語科教育」の歴史をめぐる光と影の双方を真摯に見つめ、将来の言語教育の展望＝光を見出していかなければならない。

（村上呂里）

引用・参考文献（50音順）
小笠原拓（2004）『近代日本における「国語科」の成立過程』学文社
甲斐雄一郎（2008）『国語科の成立』東洋館出版社
浜本純逸（2018）「国語教育・国語科教育」『国語教育指導用語辞典　第五版』教育出版
村上呂里（2008）『日本・ベトナム比較言語教育史』明石書店
柳田国男（1939）『国語の将来』創元社

3. 資質・能力と国語科教育

1）資質・能力とは何か

　従来「能力」とされてきた用語に「資質」が加わったことによって、何が変わったのか。まずはそれを確認しよう。「資質」について、教育基本法第5条第2項では、義務教育の目的として「各個人の有する能力を伸ばしつつ社会において自立的に生きる基礎を培い、また、国家及び社会の形成者として必要とされる基本的な資質を養うこと」とある。田中（2007）によれば、ここに言う「資質」とは「能力や態度、性質などを総称するものであり、教育は、先天的な資質を更に向上させることと、一定の資質を後天的に身につけさせるという両方の観点をもつ」。すなわち、「資質・能力」という学力観には子供が先天的にもっている性質や才能が含まれており、それらが抑圧されたり歪められたりすることなく、自立した社会的人格の形成を目指してすこやかに成長することが求められているのである。
　この学力観が示す重要なメッセージは、子供には成長への欲求と知的好奇心が生まれながらにして備わっているという認識である。もとより、学力の中には、客観テストや活動の出来映えをもって評価されるべき要素がある。それらは認知的能力と呼ばれ、学びを推進するために欠くことのできない能力の一つである。当然ながら、認知的能力は、大人である教師のほうが幼い子供たちよりはるかに高いレベルにある。ゆえに子供を未熟な存在とみなし、それを教え導くことが教育の本義であると考える立場が支持されることになる。
　しかしながら、認知的能力が生きた学力として子供たちの身に付くためには、個別で具体的で実際的な経験の積み重ねが欠かせない。運転同様、必要な知識や操作方法をいくら習得しても、実際に公道を走ることのない者にとっ

て、それらは頭の中に格納された情報の断片に過ぎないからだ。

　生身の身体をもってする経験には戸惑いや不安が伴い、失敗や挫折を味わうことがしばしばある。例えば幼い頃、初めて補助輪のない自転車のサドルにまたがった経験を思い出してみよう。たいていの人は、何度も転んで擦り傷を負ったはずだ。それでもいつか自転車を乗りこなせる日が来ることを信じて挑戦し続けただろう。そこには、未来のあるべき自分を目指し、勇気をもって新たな経験に臨もうとする姿勢や態度がある。そして、繰り返される失敗や挫折の中から、自らに必要な知識や技能が何であり、次に似た経験をする場合にはどのような自分であるべきなのかが分かってくる。これこそが「資質・能力」という用語によってあらためて光を当てられた学力の姿であり、客観的な物差しで測定することのできない能力、いわゆる非認知的能力である。

　子供が生来もっている気質に根ざし、未来に向かって育成されるべき認知的・非認知的能力の総合体を、英語圏ではディスポジション（Disposition）と呼ぶ（Claxton 2018）。今やこの学力は、不透明で予測不可能な社会をたくましく生きるために必要な力として、求められているのである。

2）国語科教育における資質・能力

　国語科教育とは、言うまでもなく言葉を学習対象とした教科である。幼稚園教育要領・保育所保育指針等では、五つある保育領域に「言葉」がおかれ、子供たちの主として話し言葉における言語的人格の育成が謳われている。平成29年告示小学校学習指導要領では、幼児期の終わりまでに育てたい姿が示され、幼・小の円滑な接続への配慮と工夫が求められている。すなわち、小学校国語科として「資質・能力」の育成をはかる場合、幼児期における子供たちの言葉の育ちに対する理解は欠かすことができない要素である。

　幼稚園・保育所等から小学校に上がった子供たちに対し、小学校教師の多くは、かれらの言葉の力を見くびっている。書き言葉としての理解力表現力は未熟であっても、話し言葉を通した幼児の「資質・能力」が低いとは限らない。それどころか、「つまり・まず」などの論理的思考にかかわる語彙や、鋭い観

察の言葉を発する幼児に驚いた経験をもつ人は、決して少なくない。

　こうした自覚をもって「小さな巨人」に寄り添うこと。これが小学校国語科教育における「資質・能力」育成の第一歩である。そして、彼らが生来もっている好奇心や純粋さが損なわれることなく、夢中になってやや難しい課題に取り組むことのできるような「場」づくりに配慮することが、小学校教師の責務である。その際、国語科で常に心を配っておかねばならないことは、「言葉の学び」への視点である。わけても、子供たちの言語活動を根底で支え豊かにするための「知識及び技能」として、語彙の充実は欠かすことができない。同じく、失敗を怖れずに自ら課題に挑戦するための「思考力・判断力・表現力等」及び「学びに向かう力・人間性等」にあっては、幼児期にかれらが胸を躍らせた言語活動へのいざないが必要である。この両輪が緊密な関係をもって単元を構成するところに、小学校国語科の学びが意義あるものとして現出する。

　小学校国語科で特に重視したい語彙は、子供たちの学び方に資する語彙（分類・整理・要約等）と、話の展開やコミュニケーションをつなぐ語彙（例えば・つまり・しかし・しかも・したがって等）である。これらが身に付くことによって、子供たちの書き言葉としての「知識及び技能」が成長する。

　子供たちが胸を躍らせる言語活動として重視したいのは、「遊び」の要素を含めることである。例えば劇遊びやごっこ遊び、しりとりなどの言葉遊び、リズム遊びなどを念頭においた活動を構想する。また、幼児期から小学校国語科まで一貫して行われる「絵本読み聞かせ」は、子供たちが話し言葉世界から書き言葉世界へと自然に移行する上で、他に類を見ない有効な活動である。

　教師と子供とが、ともに成長への欲求と好奇心とをもって、少し難しい遊びのような言葉の学びに挑戦するとよい。それが実現したとき、「資質・能力」としての子供たちの学力は、彼らの瞳に美しい輝きを灯すに違いない。

（藤森裕治）

引用・参考文献
田中壮一郎監修（2007）『逐条解説 改正教育基本法』第一法規
藤森裕治（2018）『学力観を問い直す　国語科の資質・能力と見方・考え方』明治図書出版
Guy, Claxton.（2017）THE LEARNING POWER APPROACH. UK: Crown House Publishing.

II

国語科教育の構造

1. 国語科教育の目標と学力

　平成29年告示小学校学習指導要領（以下、本節において「学習指導要領」とする）の国語科の教科目標と平成28年12月中央教育審議会答申（以下、「答申」）の資質・能力を基に、国語科教育の目標と育成を目指す学力を検討したい。

1）学習指導要領における三つの資質・能力とその趣旨

　今、社会は大きな変化の中にある。目の前の子供たちが社会を担う頃には、その変化は今以上に大きくなっているだろう。情報化、グローバル化等が一層進む状況下にあっては、与えられた情報を理解したり、目的を十分意識しないままに表現の技能などを身に付けたりするだけでは十分ではない。

　答申では、育成を目指す資質・能力を次の①～③の三つに整理し、その趣旨を以下のように述べている。（第5章2から抜粋）

---

①「何を理解しているか、何ができるか（生きて働く「知識・技能」の習得）」

　社会の中で生きて働く知識となるものを含むもの（中略）。技能についても（中略）変化する状況や課題に応じて主体的に活用できる技能として習熟・熟達していくということが重要

②「理解していること・できることをどう使うか（未知の状況にも対応できる「思考力・判断力・表現力等」の育成）」

　将来の予測が困難な社会の中でも、未来を切り拓（ひら）いていくために必要な思考力・判断力・表現力等

③「どのように社会・世界と関わり、よりよい人生を送るか（学びを人生や社会に生かそうとする「学びに向かう力・人間性等」の涵（かん）養）」

> 社会や世界との関わりの中で、学んだことの意義を実感できるような学習活動を充実させていくことが重要

　国語科教育の目標や国語科で育む学力を考える際も、変化の激しい社会を生きる子供たちにとって必要な言葉の力は何かという視点が重要になる。

2）国語科の教科目標

　学習指導要領の国語科の教科の目標は次の通りである。

> 　言葉による見方・考え方を働かせ、言語活動を通して、国語で正確に理解し適切に表現する資質・能力を次のとおり育成することを目指す。
> （1）日常生活に必要な国語について、その特質を理解し適切に使うことができるようにする。
> （2）日常生活における人との関わりの中で伝え合う力を高め、思考力や想像力を養う。
> （3）言葉がもつよさを認識するとともに、言語感覚を養い、国語の大切さを自覚し、国語を尊重してその能力の向上を図る態度を養う。

　すなわち（1）は、単に国語の特質を知ることにとどまるものではなく、「生きて働く知識・技能」として身に付けることを示している。（2）も、目的に向かって自ら情報を得たり、互いの思いや考えを伝え合ってよりよいものを生み出したりする際に機能する「思考力・判断力・表現力等」を身に付けることを示すものである。そして（3）は、（1）、（2）の資質・能力を育成することを通して育む態度等を示したものである。

3）国語科の教科目標と授業改善

（1）言語活動を通した資質・能力の育成

　教科目標の冒頭の一文には、「言語活動を通して」国語の資質・能力の育成

を目指すという、国語科の基本的な特徴が明示されている。この「言語活動」とは、子供たちが思考したり判断したり、必要な知識や技能が何かを考えて獲得したりする際のよりどころともなるものである。変化の激しい未来社会を生きる子供たちにとって必要な国語の能力を確実に育むためには、それぞれの単元の指導のねらいに応じた、子供にとって課題解決の過程ともなる言語活動を明確に位置付けて指導を行っていく必要があることが示されている。

（2）子供が自ら言葉による見方・考え方を働かせる学びの実現

　言語活動を通して資質・能力の育成を目指す際に、「言葉による見方・考え方を働かせ」ることが求められる。『小学校学習指導要領（平成29年告示）解説　国語編』では次のように述べられている。（下線は筆者による。）

> 　言葉による見方・考え方を働かせるとは、児童が学習の中で、対象と言葉、言葉と言葉との関係を、言葉の意味、働き、使い方等に着目して捉えたり問い直したりして、言葉への自覚を高めることであると考えられる。
> （p154）

　すなわち、子供自身が言葉に自ら着目したり、言葉への自覚を高めたりすることであると捉えられるだろう。こうした意識は、発達の段階に応じた言語活動によって実現可能となる。低学年の子供たちでも、例えば「お気に入りの本の大好きなところを紹介する」といった言語活動を、教師が緻密な手立てを講じながら効果的に位置付けることで、漫然と読み取らされるのではなく、本を選んだり繰り返して読んだりして、大好きな場面を物語全体から探そうとするだろう。そして「自分はこの場面がお気に入り」「この言葉が好き」といった思いが強ければ強いほど、なぜそこが好きなのかを、登場人物の言動の描写などを手掛かりに説明しようとするだろう。こうした「言葉による見方・考え方」を子供が働かせたとき、例えば指導事項「エ　場面の様子に着目して、登場人物の行動を具体的に想像すること。」など、育成を目指す資質・能力が一

層確実に子供たちの力として身に付くこととなる。

(3) 教科目標の三つの資質・能力とその育成

①「知識及び技能」の育成

　子供たちに育みたいのは「社会の中で生きて働く知識」であり「変化する状況や課題に応じて主体的に活用できる技能」である。子供たちの側から見れば、「もっと知りたい」「もっと自分の思いを適切に書き表して伝えたい」といった思いを膨らませて事典の使い方を理解して使ったり、語彙を豊かにしたりするなど、言語活動の遂行に向け、子供自ら必要となる言葉の知識や技能を明らかにしたり、獲得したりできるようにすることが一層重要になる。

②「思考力、判断力、表現力等」の育成

　国語科における「思考力、判断力、表現力等」の資質・能力は、具体的には「A　話すこと・聞くこと」、「B　書くこと」、「C　読むこと」の指導事項として示されている。これらの資質・能力が「未来を切り拓いていくために必要な思考力・判断力・表現力等」であることを踏まえれば、子供自身にとっての相手や目的、意図などに応じて思考し判断し、表現するなどして言葉を駆使できるようにすることが大切になる。そのためにも指導事項の趣旨を十分理解し、相手や目的、意図を明確にした学びを引き出す言語活動を通して指導することが重要になる。

③「学びに向かう力、人間性等」の育成

　「学びに向かう力、人間性等」については、教科目標及び学年目標にのみ示されており、各学年の内容には明示されていない。そのためこれらの目標を基に、当該単元で指導する指導事項等を踏まえながら、各学校等で具体的な目標を設定し、子供が学ぶ価値やよさを実感できるようにする必要がある。

（水戸部修治）

引用・参考文献
中央教育審議会（2016）『幼稚園、小学校、中学校、高等学校及び特別支援学校の学習指導要領等の改善及び必要な方策等について（答申）』
文部科学省（2018）『小学校学習指導要領（平成29年告示）解説　国語編』

2. 国語科教育の内容

　平成28年12月中央教育審議会答申（以下、本節において「答申」とする）では、これまでの小・中学校の国語科の成果と課題が指摘されている。
・情報化の進展に伴い、特に子供にとっての言葉を取りまく環境が変化する中で、読解力に関して改善すべき課題が明らかになった。
・小学校においては、文における主語を捉えることや文の構成を理解したり表現の工夫を捉えたりすること、目的に応じて文章を要約したり複数の情報を関連付けて理解を深めたりすることなどに課題がある。
・言語活動の充実を踏まえた授業改善が図られているが、依然として教材への依存度が高いとの指摘もあり、更なる授業改善が求められる。

　これらのことも今回の学習指導要領の改訂の背景の一つである。

1）目標の構成の改善

　平成29年告示小学校学習指導要領（以下、本節において「学習指導要領」とする）では、国語科の目標は資質・能力の三つの柱に対応して示されている（前節参照）。

　内容についても同様に、〔知識及び技能〕及び〔思考力、判断力、表現力等〕で構成されることになった。構成は以下の通りである。紙幅の都合で第1学年及び第2学年のみ掲載する（詳細は巻末参照）。

〔知識及び技能〕
（1）言葉の特徴や使い方に関する事項
　〇言葉の働き、〇話し言葉と書き言葉、〇漢字、〇語彙、〇文や文章、〇言葉遣い、〇表現の技法、〇音読、朗読

(2) 情報の扱い方に関する事項

　　○情報と情報との関係、○情報の整理

(3) 我が国の言語文化に関する事項

　　○伝統的な言語文化、○言葉の由来や変化、○書写、○読書

〔思考力、判断力、表現力等〕

A 話すこと・聞くこと

(1)「話すこと・聞くこと」の指導事項は学習過程に沿って、次のように構成されている。

《話すこと》

○話題の設定、情報の収集、内容の検討、○構成の検討、考えの形成（話すこと）、○表現、共有（話すこと）、○構造と内容の把握、精査・解釈、考えの形成、共有（聞くこと）、○話合いの進め方の検討、考えの形成、共有（話し合うこと）

(2) 言語活動例

《第1学年及び第2学年》

　ア　紹介や説明、報告など伝えたいことを話したり、それらを聞いて声に出して確かめたり感想を述べたりする活動。

　イ　尋ねたり応答したりするなどして、少人数で話し合う活動。

B 書くこと

(1)「書くこと」の指導事項は学習過程に沿って、次のように構成されている。

○題材の設定、情報の収集、内容の検討、○構成の検討、○考えの形成、記述、○推敲、○共有

(2) 言語活動例

《第1学年及び第2学年》

　ア　身近なことや経験したことを報告したり、観察したことを記録したりするなど、見聞きしたことを書く活動。

　イ　日記や手紙を書くなど、思ったことや伝えたいことを書く活動。

　ウ　簡単な物語をつくるなど、感じたことや想像したことを書く活動。

C 読むこと
(1)「読むこと」の指導事項は学習過程に沿って、次のように構成されている。
　○構造と内容の把握、○精査・解釈、○考えの形成、○共有
(2) 言語活動例
《第1学年及び第2学年》
　ア　事物の仕組みを説明した文章などを読み、分かったことや考えたことを述べる活動。
　イ　読み聞かせを聞いたり物語などを読んだりして、内容や感想などを伝え合ったり、演じたりする活動。
　ウ　学校図書館などを利用し、図鑑や科学的なことについて書いた本などを読み、分かったことなどを説明する活動。

2）内容の実践

　答申でも指摘されている通り、実際の授業においては依然として教材への依存度が高い。例えば、小学2年生の「読むこと」の単元について、教科書（光村図書や東京書籍）では文学作品「お手紙」を扱っているが、登場人物である「がまくん」や「かえるくん」の気持ちを問うことを中心にした授業になりがちである。「物語教材は気持ちを考えるもの」という固定化した指導観で授業を進めることが多いようであるが、学習指導要領の指導事項のある内容だけに偏ることなく、年間を通して三つの資質・能力をバランスよく育成できるように計画的に単元づくりを行わなければならない。
　この単元において、〔知識及び技能〕の「オ　身近なことを表す語句の量を増し、話や文章の中で使うこと。」、〔思考力、判断力、表現力等〕の「読むこと　エ　場面の様子に着目して、登場人物の行動を具体的に想像すること。」の育成を目指すのであれば、気持ちを問う発問を繰り返すだけではなく、言語活動例の「（イ）物語を読んで内容や感想などを伝え合うような活動」を位置付けた単元をつくりたい。まず、一人一人の子供が自ら《私の問い》を立て、他者とつながりながら、粘り強く学習に取り組むことができるように、単元全体を通

した学習課題を設定することが必要である。そして、《私の問い》の解決に向かって、学習を調整して取り組んでいくようにするのである。

(1) 学習課題の例

　学習課題は、学習指導要領に示されている単元で育成を図りたい力（指導事項[A]）、具体的な考え方（思考操作[B]）、学びがいのある価値ある学習活動（言語活動[C]）の3フレーズで構成して示すと子供にとって分かりやすい。また、3フレーズの学習課題は、単元の全体像が明確になるため、教師にとっても評価の観点が明確になり指導が具体的になる。次のようなものである。

【学習課題】この単元では、<u>がまくんやかえるくんの行動を想像することができるようになる学習</u>[A]をします。課題は、<u>がまくんやかえるくんがいろいろな場面で言ったことやしたことを関連付けて</u>[B]、<u>「　　。」に続く文を詳しく書き換えること</u>[C]です。

(2) 学習計画の例

　子供が単元の全体像を捉え、学習のゴールを思い浮かべられるように学習計画を示すことが必要である。以下に例を示す（全6時間くらい）。

　①単元の見通しをもつ（学習課題から《私の問い》を立て、その解決についての見通しをもって学習計画を立てる）。②「言いました。」に変わる語彙や表現を集める。③作品を何度も読みながらさらに語彙や表現を集める。④書き換えたい場面の「言いました。」を他の言葉や表現に変えて音読してみる。⑤書き換える（発表会の練習）。⑥発表会を通して言語活動での工夫や作品を味わう。⑦単元の振り返りをして「できるようになったこと」を自覚する。　　　（達富洋二）

引用・参考文献
達富洋二（2019）「国語科単元において学習課題から《私の問い》を立てること」『国語教育研究』No. 567 日本国語教育学会
達富洋二（2019）「「めあて」的なものはどのようにつくられているのか」『佐賀大国語教育』第3号、佐賀大学国語教育学会
達富洋二（2018）「問いを立てることからはじめる単元の創造－国語教室の創造／形式のコピーから意味の創造へ－」『佐賀大国語教育』第2号、佐賀大学国語教育学会

3. 国語科教育の方法

1）言語⇔言語活動⇔言語生活による国語科の資質・能力の育成

　平成29年告示学習指導要領（以下、本節において「学習指導要領」とする）では、国語科の目標が、「知識及び技能」「思考力・判断力・表現力等」「学びに向かう力・人間性等」の三つの資質・能力で整理された。国語科に当てはめれば、桑原隆が提唱する「言語－言語活動－言語生活[1]」として理解される。

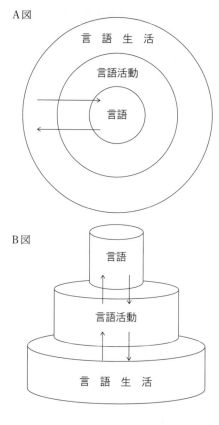

A図

B図

平成20年告示学習指導要領から言語の知識・技能の習得は言語活動の活用を通して行うものとされ、「知識及び技能」の習得と「思考力・判断力・表現力等」の活用との関係は平成29年版でも変わらない。「学びに向かう力・人間性等」は、新たに平成28年12月中央教育審議会答申（以下「答申」）の第五章—2で「③「どのように社会・世界と関わり、よりよい人生を送るか（学びを人生や社会に生かそうとする「学びに向かう力・人間性等」の涵養）」」とされたもので、国語科では言語生活に該当する。A図にあるように言語⇔言語活動⇔言語生活のつながりが重要であり、B図にあるように円筒形[2]としてみる

と、言語学習が言語生活と密接につながること、そして言語生活が言語学習の基盤であることがよく理解される。学力調査の結果からも書く生活や読む生活の重要性が指摘されており、これからの国語科の学習指導の設計では、言語⇔言語活動⇔言語生活の構図を取ることが大切である。学習指導案で単元を説明する際には、これらの三つの観点を取り入れて、例えば「○本単元で身に付けさせる知識及び技能／○本単元における言語活動（思考力・判断力・表現力等）／○本単元の基盤となる言語生活」などの項目で詳述するようにして、実生活に役立つ国語力の育成を実現する授業づくりを行っていきたい。

2）主体的・対話的で深い学びを実現する国語科の学習指導

学習指導要領における「主体的・対話的で深い学び」は、アクティブ・ラーニングによる授業改善のためのスローガンである。国語科の場合、これを実現するには、言語活動による課題解決的な学習指導が欠かせない。

主体的な学びを実現するには、学習のゴールが明確で、ゴールを実現するために戦略的に能力を使い、見通しをもって計画的に学習を進められること、そして自らの学習活動をゴールに照らし、また自らの知識や経験に照らしてモニターして調整するメタ認知力を発揮することが大切となる。それには、子供自身にゴールが明確に意識できる言語活動の授業づくりが最適である。

対話的な学びを実現するには、子供間の異質性を重視した話合い活動のような外在的な対話活動に加えて、テキストに表れる話題や人物、テキストを生み出した作者や筆者などとの仮想的な対話、子供自らの自問自答としての対話などの内在的な対話活動が考えられる。内在的な対話活動が充実してこそ外在的な対話活動が充実する。多角的多元的に話題や論理、観点などを準備し、学習者の問いが発動して、それによって探究活動が推進され、その中で対話が行われることが重要となる。

深い学びを実現するために、『小学校学習指導要領（平成29年告示）解説 国語編』では、「深い学びの鍵は「見方・考え方」を働かせることが重要になる」（p.4）として、国語科では「対象と言葉、言葉と言葉との関係を、言葉の

意味、働き、使い方等に着目して捉えたり問い直したりして、言葉への自覚を高めること」（p.12）が重要であるとされる。これは、言葉と言葉の関係（統語論）、言葉と言葉が指す対象や事象との関係（意味論）、言葉と言葉を使用する人との関係（語用論）などに注意し、相手や目的、状況、方法などを意識しながら、実生活の場において効果的に言語運用する能力を高める学習指導を組織するということだろう。また、深い学びは学びの質の問題と考えられれば、主体的であることも対話的であることも学びの質に関わってくる。解説書では、学力調査における課題が示さ（p.6）、また「ただ活動するだけの学習にならないように」（p.9）することが示されているが、これらも学びの質を考えるときに、考慮しなければならない課題である。

　学びの深さは学力などの実態に応じて相対的であることを考えれば、子供の実態に応じて、言語活動を選択し調整する必要がある。学力に課題があれば、音読や視写などを取り入れた音読発表会やアンソロジーなどを作成するものにし、学力が高ければ、その程度に応じて情報量の増減、情報を関係付ける操作の難易、場における相手や目的、状況や方法などの条件を勘案して、言語活動の選択や難易度の調整を行うようにする。

3）学習過程を明確化し深い学びを実現する国語科の授業づくり

　国語科の学習指導では、知識及び技能の習得は言語活動の活用を通して行われるので学習指導を設計する段階で言語活動を十分に教材研究し、子供それぞれに効果的な学習過程を組織する必要がある。

　例えば、読むことでいえば、これまでの読解指導は、テキストを分析し解釈する作業を通して、発問計画や板書計画を立て、主に一斉指導の形式で発問によって子供を誘導する。これに対して、言語活動の学習指導では、テキストの分析や解釈という教材研究はもちろんだが、例えば物語を紹介する、解説する、批評する、感想をもつなどの言語活動の特質を明らかにする言語活動の教材研究を行う。言語活動によって身に付けさせる能力を明確化するとともに子供に応じて難易度を調整し、評価の基準を具体化する。授業では、言語活動の

教材研究で作成したりした見本を学習指導の冒頭に示す。それによって、子供が学習のゴールを知り、そこに進むために学習計画を立て、主体的に学習を進める。教師は、これらの学習指導を設計し準備して、子供がゴールに到達するように、支援や指導を行う。自力でゴールに到達するという学習体験が、自己肯定感を初めとする非認知能力を向上させる。

　学びの質を向上させ、学習者の学びに寄り添った支援や指導を行うためには、言語活動の教材研究が欠かせない。その方法は、単純にいえば、教師自らが言語活動をやってみることである。本の紹介活動であれば、文字で行うのか音声で行うのか、紹介する言語活動の量を多くするのか少なくするのか、紹介する内容は、文学であれば、あらすじ、人物、テーマ、優れた表現などのどれにするのか、例えばあらすじであれば、構成上のどこを取り上げるのかなど、子供の実態や教師のねらいに応じて選択し調整する。実際に紹介する活動のプロセスを体験することで、学習の流れをつかみ、学習過程で特に指導が必要になる局面を把握し、支援や指導のための準備も明確化する。そして、これらの教材研究によって生まれた作品や実演の記録は、子供の学習見本にもなり、加えて評価の基準としても機能する。評価のためにルーブリックを作成する上でも、言語活動を熟知することが必要となる。

　言語活動の中で、知識及び技能を効果的に学ぶためには、活動するだけではなく、知識及び技能をメタ認知したり、意識的に使い分けたり、戦略的に活用したりする学習が必要であり、そのためには、二つ以上の教材や言語活動などを比較したり同時的に展開したりすることが効果的である。例えば、帯を紹介するときに、二つの帯を作らせて、一つにはあらすじ、一つには人物を紹介することにすれば、知識及び技能を意識的に使い分け、メタ認知する学習が成立する。深い学びの実現には、このような学習指導の工夫が大切である。

（寺井正憲）

引用・参考文献
1)　桑原隆（1996）『言語生活者を育てる』東洋館出版社
2)　1)に同じ。

4. 国語科教育の評価

　評価は、「目標・内容・方法・評価」といった授業構造の一つとして捉えられると同時に、いわゆる「PDCA サイクル」の一要素としても捉えられる。
　PDCA サイクルは、Plan（計画）Do（実施）Check（評価）Act（改善）という４つの過程を繰り返し、継続的に授業を改善していこうとする考え方である。
　「目標・内容・方法・評価」という構造は、単元のひとまとまり（例えば、「ごんぎつね」という学習のひとまとまり）という単位で考えた場合であり、「PDCA サイクル」はひとまとまりの学習の結果をどのように改善して次につなぐかという発想に基づくものである。「ごんぎつね」で学習指導したことを、どのように評価し、どのように次の学習指導計画に生かすかと考えることになる。
　「PDCA サイクル」の考え方によって、「指導と評価の一体化（評価して終わりではなく、評価の結果を次の指導に生かしていく）」が計られやすいという側面もある。

1）評価の目的

　評価には基本的に、「児童生徒の学習改善につながるものにしていくこと」「教師の指導改善につながるものにしていくこと」が求められる。
　前者は、子供に自身の学習の進み具合を自覚させ、次の学習の在り方を示唆するところにある。自分はこういうところはできている、こういうところがまだ十分ではない、だからこれからこういう学習を進めよう、と自覚させるものである。後者は、評価によって指導の善し悪しを検討し改善していく「指導の内容・方法の評価」である。こういった評価は、学校全体に位置づければ、教育課程の改善にもつながっていく。

2）評価の場面

　評価は、「診断的評価（事前評価）」「形成的評価（事中評価）」「総括的評価（事後評価）」のように、その「場面」が意識される。

　例えば、「やまなし」（宮沢賢治）の授業に入る前に、これまでの学習経験・学力実態や賢治作品の読書体験を確認することが診断的評価（事前評価）である。子供がたくさん賢治作品を読んでいれば、「やまなし」の後、「賢治作品を探して読もう」といった読書単元は不要となるかもしれない。そのように子供の現状を捉えることで、学習目標や指導方法を変更する必要の有無を考えることになる。

　授業中に、理解度を確かめたり、作業の進捗状況を確認して、発問・指示や次の展開予定を変えたりすることがある。それは、形成的評価（事中評価）に基づく指導改善である。

　授業の終わりや単元の終わりに、学習目標の到達度を確かめたりするのが、総括的評価（事後評価）である。

　しかし、「PDCAサイクル」の考え方であれば、当然、総括的評価（Check）で得られた知見を基に、次の授業が構想・改善（Act）されるわけである。したがって、あらゆる学習場面で常に評価は行われており、それは常に次の学習につながっていく。長いスパンで見れば、評価はすべて形成的評価の側面をもつ。

3）評価の主体

　だれが評価するのか。むろん最終的に授業改善につながるような評価を行うのは、教師である。また、次の学習の在り方を子供に示唆するのも、主体は教師である。

　しかし、「評価」は、教師が行う「教師評価」だけではなく、「自己評価」「相互評価」の有効性が生かされなくてはならない。

　「自己評価」「相互評価」は、子供自身が行うために、客観性には乏しい。教

師は子供の評価を鵜呑みにするのではなく、子供の自己認識の現状として捉え、教師評価の参考とするべきである。

この他、保護者等にコメントを求めたりする「第三者評価」も、子供のモチベーションを高めることが多い。

4）評価の方法

評価の方法には、一般的に、テスト法、観察法、アンケート法が多く用いられる。学習目標の達成度などはテスト法が有効であるが、関心・意欲・態度などの評価は、小学校ではむしろ観察法が有効である。評価の客観性が問われるところはあるが、小学校の特性として子供の生活全体を見通しながら評価するという意味から言えば、観察法は欠かせない方法である。

さらに、ノートや記録、作品などを評価対象とすることも有効である。それらを集積していき、子供と教師が一緒に振り返る機会をつくっていけば、それは「ポートフォリオ評価」となる。

また、評価情報は、典型的には「通信簿」「あゆみ」などと呼ばれる家庭との連絡票で伝えられるが、それはひとつの区切りの評価でしかない。日々の評価情報は、子供には教師の言葉で伝えられることが多い。そういう意味では「評価言」は重要である。

教師の「どんなところを工夫したの？」など、内省に向かわせる助言的な評価の言葉によって、子供は自身の学習の展開の進捗状況を確認したり、学習の内容や方法をメタ認知したりすることができる。

5）評価の基準

評価の基準は、大きく「集団に準拠した評価」と「目標に準拠した評価」に分けることができる。

「集団に準拠した評価」は、「順位」や、割合を決められた3段階などで点数化することである。が、今日的には、「目標に準拠した評価」が重視されている。

レポート、話し合い、制作などの活動について「目標に準拠した評価」を具

体化したものに「パフォーマンス評価」がある。

　パフォーマンス評価は、評価指標（指導目標）ごとに３段階（あるいは４段階）程度の評価基準を設け、基準を具体的な言葉で記述した表「ルーブリック」に基づく。例えば、「グループで討論する」であれば、

A（「十分満足できる」状況）「人の意見も受け入れながら、自分の意見をきちんと整理して述べた」

B（「おおむね満足できる」状況）「自分の意見は明確だが、他の意見との調整ができない」

C（「努力を要する」状況）「人の意見をきちんと聞かず、自分の意見もまとめられない」

のように整理し、それぞれの状況に対する具体的な対応を考えることになる。

6）評価の観点

　平成29年告示の学習指導要領では、「学力の三要素」（「基礎的な知識及び技能」「思考力、判断力、表現力等」「学びに向かう力、人間性等」の資質・能力）が示され、それに対応して、学習状況評価の観点を「知識・技能」「思考・判断・表現」「主体的に学習に取り組む態度」としている。

　これは国語科独自の観点ではなく、これらの学力の全教科での育成を通して、今日的に求められる「汎用的な能力」を涵養することが目指されている。

（三浦和尚）

引用・参考文献
高木展郎（2003）『ことばの学びと評価』三省堂
田中耕治編著（2005）『よくわかる教育評価』ミネルヴァ書房
西岡加名恵（2016）『資質・能力を育てるパフォーマンス評価』明治図書出版

Ⅲ
国語科授業の計画

1. 学習者の実態とその把握

1）学習者としての子供の実態—なにをつかむか

　学級担任や授業の担当として学習指導計画を立てるときに、まず教師がつかみたいのは、学習者としての子供たちの実態である。言語がすべての学びを支えるという考え方にたつと、国語教育あるいは国語科教育の立場から子供たちの実態を捉えることは、全ての領域や教科の計画を作成する基盤となる。

　では、子供たちの実態とはどんなことを指すのであろうか。ここでは子供たちをみていく観点を三つ提示する。「日常生活における言葉の使い方」「国語の授業を中心とした学習における言語面の様相」「読書生活」である。それぞれの観点で、さらに子供のどんなところをみていけばよいのかを以下に記す。

（1）日常生活における言葉の使い方
　〇主に対人的な言葉の使い方
　〇語彙・語句等の運用の面

（2）国語の授業を中心とした学習における言語面の様相
　〇言葉を使用する姿勢
　〇言語理解に関わる面
　　・主に「読む能力」「聞く能力」に関わる面
　　・語彙・語句・漢字等の知識・技能
　〇言語表現に関わる面
　　・主に「話す能力」「書く能力」に関わる面
　　・語彙・語句・漢字等の知識・技能及び運用能力
　〇思考に関わる面

・具体的事象を表す語彙と様子や思考を表す抽象的語彙に関する知識及び運用能力
　・筋道立てて考えたり、関係を考えたりする面
○情緒に関わる面
　・感情や感覚を言葉で表し、意識する面
　・体験を言葉で想起する面

（3）読書生活
　○身の回りの本や情報に触れ、読書に親しむ様相

　これらの観点をもとに、一人一人の子供を診断的に捉えることが基本だが、授業を考えた際には、学級集団の特徴として捉えておくことも重要である。例えば言語面での特徴（賑やかで発言の多いクラス、発言は少ないが互いに受け入れることのできるクラスなど）に応じて、学習活動の組み方を工夫することができる。実態をつかむ場合には表に見える様子だけでなく、内面に隠れた特徴も見過ごさないようにすることが大切である。

　先述の三つの観点は相互に密接に関わっていて、総合的に子供を捉えることが求められる。(1)は授業計画を支える基盤となるものである。日々子供たちと接する中で、友達同士や周りの大人に対する言葉の使い方に目を配り、支援や指導につながる点を見いだしておきたい。

　(2)に挙げた項目は、現在の子供たちの実態を授業づくりに結ぶ具体的な見方を示している。語彙・語句とその運用にかかわる項目を複数挙げたが、子供が語彙・語句をただ知っているだけではなく、自らの語彙のネットワークのなかで具体的にどのように使っているかが大事である。従来の国語科指導においては、「話すこと・聞くこと」「書くこと」「読むこと」という領域別に能力が捉えられていたが、〔思考力・判断力・表現力等〕という各教科共通の資質・能力として言語の学習を見た場合に、言語が思考面や情緒面で果たす役割もしっかり踏まえておく必要がある。子供がどのように論理的な道筋で考えようとしているのか、あるいはどこで躓いているのかを実態として捉えておくこと

は非常に重要である。情緒面については、幼児期から児童期にかけて、内面に生じた感情を言葉で表す能力が感情コントロールや自己抑制作用につながると指摘されている。人とつながる言葉を耕すという側面から重要である。現在どんな言葉で自らの情緒的な側面を表しているかをつかんでおきたい。他者理解や読解力にもつながるポイントである。

　(3) で「読書生活」を一つの観点として取り上げたのは、様々な情報媒体がある中で、子供たちの本を読む時間や内容をつかむことで、子供たちの文化へのつながりかたを理解する一助になると考えたからである。

　(1) (2) (3) を総合的に捉える際に、「学びの履歴」として1年間を通してみていくようにしたい。例えば、4月当初にクラスの友達となかなか話をしようとしなかった子供が、学年半ばで少人数では話すようになったとすると、そこに介在している学習経験をつかもうとする努力が大事である。

2）子供の実態を把握するための方法—どうやってつかむか

　子供たちの実態をつかむための方法はいろいろ考えられるが、大きくは二つに分けられる。一つは「観察」、一つは「記録の蓄積と分析」である。前者は学級担任がとりやすい方法ではあるが、意識的に行わないと支援や指導に結びつかないことがある。後者の「記録」とは、子供が残した学習の記録と教師がとる記録の両方がある。子供が残した記録には、テストなど定量的に判断できるものとノートや作品等定性的に捉えるべきものがある。教師が残す記録は、例えば作文の評言、授業メモ、座席表による気付きメモなどがある。方法の一つ目の「観察」の記録も含まれる。

　「観察」や「記録」の蓄積の方法については、子供一人一人に即した個別カルテ等、学級全体のものとしての指導記録・授業記録等が挙げられる。

　単元や学習の区切りの前後で行う実態の把握は、例えば「書く」の単元の前であれば、前回の作文の題と評価等気付いたことを名簿に記入する形などが考えられる。前項で触れたように、表面的な表れだけを見るのではなく、観察や記録の積み重ねによって、内面的な変化をも見逃さないようにしたい。

子供の実態を事前評価と見ると、学習中の事中評価、学習後の事後評価と積み重ねることにより、次のサイクルの実態把握に生かすことができる。PDCAサイクルの中で、子供の実態は重要な位置を占めるはずである。子供自身が自分の学びをつかむという点では、学期の終わりにポートフォリオのような形で成果をまとめさせる方法がある。子供自身が国語科の授業にかかわるノートや作品を学びの記録としてひとまとめにして振り返り、感想を書いて、教師がコメントする。子供が自分の学びをメタ認知的に捉える一助になるだろう。

3）子供の実態を学習指導にどのように生かすか

　国語科の年間計画は、その学年で育てたい資質・能力を「話すこと・聞くこと」「書くこと」「読むこと」の各分野のバランスと教材の配列を考えながら組み立てる。その際に子供の実態はどのように反映されるのだろうか。「カリキュラム」の原義を、走ったコースがその足跡として残ったものと考えれば、子供の学びの軌跡と考えられる。実践的には、年間計画も子供の実態に合わせて常に修正を加え、あるときは単元を入れ替えて進んでいくものだろう。2）で触れたように、子供の実態は書き換えられ、蓄積されるものであるから、年間計画も子供の実態や成長に合わせてフレキシブルに変更されるべきものだろう。

　単元計画になると、年間計画よりさらに子供の実態が大きく関わってくる。学習指導案を立てる際に、はじめに単元について述べるが、まずは「児童観」あるいは「児童の実態」としてその単元のねらいに関する子供の現状を記述する。また、本時案の学習活動を想定するときにも、教師の発問や助言を「T……」予想される子供の反応を「C……」と記述することがある。具体的に学級の子供の顔を思いうかべながら指導案の発問や反応予測を書くと、計画が机上のものにならず、実際の学びを喚起するものになるとはよく言われることである。ただし、ここで留意したいのは、子供の実態が学級などを単位として書かれるため、一人一人の子供たちの実態を想定したものになりにくいという点であろう。毎日の授業において、一人一人への支援は、さらに実態を考慮したきめ細かいものになって然るべきである。

（成田信子）

2. 年間指導計画・単元計画

1）年間指導計画

　子供の主体的な学びを重視するといっても、子供たちの興味関心の向くままに無計画に指導を進めるわけではない。そこには、年間・学期の目標を見据えた教師の見通しがなければならない。それが、指導計画である。

　学校教育には、学校の教育活動全体を通した計画である「全体計画（教育課程）」、1年を通した授業の計画としての「年間指導計画」、また、学習活動の有機的・総合的な組織のまとまりである「単元の指導計画」、そして1単位時間の授業計画としての「学習指導案」が必要とされる。これらは、それぞれ連携してはじめて機能する。教育課程が学校教育全体の構造的指導計画というのに対して、単に指導計画というときには、教育課程内の各領域や各教科などの指導の計画を指すのが普通である。国語科の指導計画は、各学校でつくられた教育課程に即して子供の国語の能力を伸ばすための指導の計画であるが、1単位時間の授業は単元計画に基づき、単元計画は年間計画（年間指導計画）を基にしている（以上、高野保夫（2011）による）。

2）年間指導計画の作り方

　国語科の『小学校学習指導要領』が二つの学年を単位としているところから、2年という視野で、どの指導をいつ行うのかを配分していくのが年間指導計画づくりである。その際、この力を付けるためにはどんな教材を用いれば最も効果が上がるかというところから教材を選定したい。決して先に教材が決まっているわけではない。

　また、ある指導を1回行えば全員にその力が付くというわけではない。同じ

指導目標に基づく学習を同じ学年で複数回設けることが必要である。たとえば、平成29年告示小学校学習指導要領（以下、本節において「学習指導要領」とする）には、第1学年及び第2学年「話すこと・聞くこと」の指導事項イとして「相手に伝わるように、行動したことや経験したことに基づいて、話す事柄の順序を考えること」がある。そこで、1学年の5月にその指導を行い、さらに同じ学年の2月、第2学年の7月というように同じ指導事項を目標とした学習の機会を設定したい。

また、同じ第1学年及び第2学年「書くこと」の指導事項イとして「（中略）事柄の順序に沿って簡単な構成を考えること」があり、「読むこと」の指導事項アには「時間的な順序や事柄の順序などを考えながら（後略）」とあることから、これら三つの学びを関連付けられるように（同時に、あるいは、別の時期に）設定する。こうすることで、有機的な関連をもった学習を成立させることができる。

3）年間指導計画作成時の留意点

（1） 学習内容と配当時間の妥当性を十分に検討すること

学習内容と配当時間との関連の妥当性については十分に検討すべきである。どこかに多くの時間を配当すれば、その分をどこかで省略することになる。その学習に何時間を配当すべきなのか十分に考えなければならない。

教科書は基本的には年間指導計画が具体化されたもので、年間の指導時数に応じた教材が単元として配置され、各領域の指導内容が網羅されている。しかし、それらは全国どこの学校にも適用可能なように抽象化され、普遍化されているため、特定の一学校の実情には必ずしも適合しない。指導計画の作成にあたっては、教科書の指導計画に基づきながらも、子供・地域の実情に応じた計画を立てなければならない。

（2） 外国語を始めとした他教科との連携に十分な考慮をすること

学校教育目標を踏まえて、教科等横断的な視点で教育内容を組織的に配列し

ていく。特に、外国語教育との連携には、日本語の特徴や言語の豊かさに気付く機会となる。そのために、カリキュラム・マネジメントが求められている。

（3）幼児教育や中学校教育など学校段階間の円滑な接続を重視すること

　子供の学習歴に配慮した指導計画を立てなければならない。たとえば、低学年では、学力差の大きな背景に語彙の量と質の違いがあることを踏まえ、語彙量を増やし語彙力を伸ばすための指導の改善・充実を図ることにやや傾斜して指導計画を作成すべきである。

　そのためには、学習指導要領も小学校のものだけでなく、幼稚園や中学校のものにも目を通しておくことが必要である。

4）単元計画とその意義

　単元とは先に記したように学習活動の有機的・総合的な組織のまとまりであり、元来ユニット（unit）の訳語である。国語科における単元（ユニット）とは、一つの題材をめぐって「話す」「聞く」「書く」「読む」の言語活動を有機的・総合的に組織したまとまりをいう。

　単元ごとに指導目標が置かれ、評価規準が設定される。その意味で、単元は年間計画と１時間ごとの学習指導案との中間にあるものということがいえる。

5）単元計画の作り方

　単元計画は、指導目標と教材、そして学習者観に基づいて作成される。まずは、目の前の子供がどういう状態にあるのか（学習者観）を把握し、指導目標を年間指導計画で確認する。そして、目標に準拠した評価規準を作成するとともに、そのような学習を成立させるためにはどのような指導が可能か、どのような言語活動が効果的かということを考えていく。

　「何を学ぶのか」「何ができるようになるか」「どのように学ぶか」を子供が十分に理解して主体的に学習に向かい、対話的な学習活動が展開するような工夫をしたい。対話とは子供同士、子供と教師の間にだけ成り立つものではな

く、教材との間にも対話は成り立つべきものである。言語活動を取り入れる場合でも、教材文に何度でも立ち返る場をつくるように心がけたい。

6）単元計画作成時の留意点

（1）子供にとってその学習は必然的なものか

　子供にとって、その教材によってその学習をすることが自然な欲求となっているのかを意識し、単に教師に求められるからやっているという「やらされ学習」にならないように意識したい。たとえば、発表という言語活動を取り入れるのなら、発表したい、皆にこのことを伝えたいという気持ちになることが必要である。主体的な学びのないところに深い学びは成立しない。

（2）指導目標と教材・学習活動は必然か

　指導目標に対して、この教材、この学習活動は最適であるか、どうしても必要なものかを常に確認しながら計画を作成したい。

　多くの教科書では、一単元一教材の構成になっている。そのため、何のためにこの教材を学ぶのか、教えるのかという視点が欠落しがちになる。この指導目標に対してなぜこの教材で指導するのかを意識していきたい。さらに、学習活動についても、「活動のための活動」にならぬよう、学習活動の必然性への検討も忘れぬようにしたい。

（3）学びを実感できる場があるか

　単元の最後に（途中にも）子供が自分の学びを振り返る機会を設けることが必要である。学習の内容を振り返ることで、学んだ内容の定着や次の学習に向かう意欲を高めることができる。

（熊谷芳郎）

引用・参考文献
村石昭三「第Ⅰ部　理論編　5. 校種別の言語教育と連携」、高野保夫「同 17. 言語指導法」、小森茂「第Ⅱ部　実践研究編　54. 国語科の教育課程、年間指導計画、評価規準の作成」日本国語教育学会編（2011）『国語教育総合事典』朝倉書店
文部科学省（2018）『小学校学習指導要領解説　総則編』東洋館出版社

3. 学習指導案の作成

1）学習指導案とは

府川源一郎（2009）は「学習指導案とは」の項において次のように学習指導案を定義している。

> 学習指導案は、授業を進めるにあたって、どのような目的を立て、どのような方法で行うのかを記載した文書である。

学習指導案には1単位時間の授業について、授業のねらい、指導法、展開が簡潔に示されている。学習指導案は次の二つに大別することができる。
① 1単位時間の授業を簡潔に記した学習指導案（いわゆる「略案」）
② 単元全体の構想を示し、詳細な計画を記した学習指導案（いわゆる「細案」「密案」）

「細案」を作成することが望ましいが、日常の授業では物理的な問題もあり「略案」を作成する場合がある。ここでは「細案」を取り上げる。

2）学習指導案作成の意義

学習指導案作成の意義には次の三つの側面がある。

まずは授業者自身のためのものである。授業者は学習指導案を作成していく過程で授業に不足している要素を自覚し、目標や指導内容、展開、また子供の姿をより明確にすることになる。また、授業の展開の際に確認でき、授業のよりどころとなる。授業後にその授業の目標と実際の授業の整合性、指導の妥当性をふりかえる資料ともなる。このふりかえりが、授業についての自省を促

し、授業力を向上させる。今後のよりよき授業の道標ともなる。

　一つは、参観者のためのものである。学習指導案ではその授業における授業者の考えを示すとともに、授業の位置付けが明らかにされる。参観者は学習指導案を基に、様々な視座から事後協議に参加することとなる。授業の改善、充実に資することは言うまでもない。

　もう一つは教師間の共有のためのものである。ティーム・ティーチングや同内容複数学級において複数の教師が授業を行う際などには、当該授業について共有化を図ることは当然である。

　学習指導案はあくまでも案であることを忘れてはならない。授業は、学習者のものであって、学習者の反応に応じて指導計画を変更することは当然である。

3）学習指導案の様式

　学習指導案の様式には、統一されたものはない。それぞれの学校や研究会において培ってきた研究の歴史、学習者の課題、現状からその形式はデザインされている。学習指導案には、その学校や研究会の教育観、授業観が反映される。

　学習指導案の様式は多様であるが、共通する部分について【実例】を参照しながら解説を加える。

国　語　科	日　　時　平成30年10月31日（水）　学習者　6年1組　30名
	授業者　程野純貴　　　　　　　授業場　実践開発室

1　単元名・題材名　説得力のある文章を書こう〜「意見文を書こう」〜

2　単元について
　　本単元では、指導事項イ「筋道の通った文章となるように、文章全体の構成や展開を考えること」を重点とし、それを達成するために、総合的な学習の時間（北海道の歴史）や社会科の学習で調査してきた内容について、意見文で考えを伝え合う言語活動を位置付けることとした。本単元で扱う中心教材「説得力のある文章を書こう〜意見文を書こう〜」では、「読み手を意識した効果的な構成や考えの広げ方」などが示されており、学習者が自分の立場を意識しながら、意見文づくりに取り組むことができるようになっている。

3　学習者について
　　本単元の指導事項に関わる学習者の実態等を以下に示す。

学習者の実態	本単元において重点的に獲得させていきたい言語能力
○文章全体の構成や展開を意識して書くことができるが、**それらの意図や効果を理解して書ける学習者は少ない。**	○筋道の通った文章となるよう、**文章全体の構成や展開の意図や効果**を意識して書く力。

4　単元の目標と評価規準
　（1）　単元の目標
　　　総合的な学習の時間や社会科の学習で調べたことを意見文で発信する言語活動を通して、文章全体の構成や展開の意図・効果を意識しながら、テーマについての立場や根拠を明確にして書くことができる。
　　　　　　　　　　　　　　　　　　　　　　　　　（中心となる指導事項イ　関連する言語活動例ア）

（2）単元の評価規準

知識・技能	思考・判断・表現（B 書くこと）	主体的に学習に取り組む態度
ア 文章全体の構成は目的に応じて異なることを理解しながら文章を書いている。	ア 意見文全体の構成の意図・効果に着目し、立場や根拠を明確にしながら書いている。 イ 説得力のある文章の意図・効果に着目し、立場や根拠を明確にしながら書いている。	ア 課題を解決する見通しをもちながら、要点を捉えてメモを取ろうとしている。 イ 自己の表現の変容に気付き、学びを振り返ろうとしている。

5 他教科等との関連について—「学びの地図」—

社会科「国づくりへの歩み」 → 社会科「大陸に学んだ国づくり」

総合「北海道の歴史を探究しよう」

北斗遺跡・博物館見学 → 修学旅行での調査 → アイヌ文化の調査（ゲストティーチャー含む）

→ 本単元国語科「意見文を書こう」

《パッケージ名》
歴史の扉を開き、自分史へとつなげよう
施設見学等を核として、歴史的事象の特色や意味を理解し、自分たちの生活との関連を見いだしていく力を育む

6 単元の指導計画（全7時間）

学習活動	授業者のかかわり
1 体験活動において「アイヌ文化についての情報」のメモをとる。関ア	・学習者の発言等から、アイヌ文化についての様々な立場の考えがあることを共有する。
2 現時点での意見文（Before）を書く。言ア	・学習者が書いた意見文から課題意識を想起できるようにする。
意見文で学年の仲間に発信！～アイヌ文化と現代の暮らし～	
3 意見文全体の構成を決める。書ア	【学びの動機付け】複数の文章・表現を提示し、学習者が伝えたい事実や意見をより効果的に伝えるための構成について問題意識をもてるようにする。
4 意見文に、より説得力をもたせる書き方を決める。書イ	
5・6 意見文を書いて、学級の仲間と推敲する。言ア	【学びの自覚化】意見文 Before の構成との比較を促すことで、考えの広がりや深まりを認知し、本時や単元の学びの価値を振り返る子供の姿につなげる。
7 完成した意見文を学年で交流し、感想（付箋にメモ）を述べ合う。関イ	

7 本時の授業（3／7時間目）

（1）本時の目標
　頭括型・尾括型・双括型の文章を比較する活動を通して、筋道の通った文章の構成の意図に着目したり、関係付けたりしながら「アイヌ文化と現代の暮らし」についての自分の立場や根拠を明確にしながら書くことができる。

（2）本時の展開

学習活動	授業者のかかわり	【評価】 個に応じた指導（▲）
1 体験活動で収集した情報や事前のアンケートを交流しながら、本時の問題意識を明確にする。 意見文では「構成の工夫」が大切と答えた人が多いけど、その工夫が具体的に何かはわからないな。 頭括型かな？　尾括型かな？　双括型かな？	【学びの動機付け】 □3つの型の意見文を提示することにより、基本的な文章構成や内容を考えながら、「自分が書くなら」という視点で文章についての問題意識をもてるようにする。 □参考にしたい構成はどれかを問う。	
意見文の構成について知り 自分の意見文に生かそう		
2 現時点での自分の立場とその根拠を考える		
3 それぞれの立場とその根拠について全体で交流する	□立場や根拠を問う発問 「どれを選ぶ？理由は？」 「同じ理由で選んだの？」	【書ア～ ワークシート】
頭括型は最初に意見を言うから**納得**してもらいながら読んでもらえるよ。 | **尾括型**は説明から始まるから、相手が**納得**しながら読んでもらえるよ。 | **双括型**は意見・説明になるからより、**共感**しながら読んでもらえるよ。	【対話のきっかけをつくる発問】 どれも同じような特徴ということ？ じゃあ、どれを選んでも同じだね？	▲活動が停滞している児童には、友達の考えを聞いて、考えを整理していくようにする。
4 3つの構成の意図・効果について交流する それぞれの意図・効果（簡潔さ・惹き付ける・強調等）を理解しながら使うことが大事ということがわかったよ。	□違いを問う発問（必要に応じて） 「筆者のねらい・相手に与える効果には、どのような違いがあるの？」	

意見文作りのカギ①～読み手を意識した3つの構成の意図や効果を考えながら書く	▲板書を参考に視点を整理できるようにする。
5　意見文（Before）に朱書きしたり、付箋を貼ったりしながら、学びを振り返る。 今日の授業では双括型をお勧めしていたけど、最初に書いた意見文は尾括型になっていたな。より読み手に伝わるように書き直していこう。	【学びの自覚化】 □始めの立場や意見文（Before）との比較を促す。 「書き方で変えたいところはある？」 「なぜ変わった？」 「なぜ、○○の部分は変わらなかった？」
	【書ア～ 　　　　ワークシート】

1　単元名・題材名

　単元名と題材名を混同する学習指導案が散見される。単元名と題材名を区別して捉えることから始めたい。例えば、「ごんぎつね」であれば題材名となる。「ごんぎつね」の学習課題や言語活動を意識して「心のつながりを説明しよう」とすると単元名となる。【実例】では「意見文を書こう」という題材をもとに「説得力ある文章を書こう」という単元を設定している。

2　単元について

　この単元を構想した理由を明示する。

　単元の設定にあたっては、学習指導要領のどの指導事項に重点を置き、関連させていくかを明らかにする必要がある。『小学校学習指導要領（平成29年告示）解説　国語編』（平成29年7月）を参照し、学習者の実態を踏まえて記述する。

　指導事項と言語活動の関係性、及び、学習者の実態とつながる教材の特性を示すことによって単元構想が明らかになっていく。

3　学習者について

　授業は、学習者の資質・能力の育成を目指すものであるから、指導事項に関わる学習者の実態を明らかにした上で単元を構想する必要があることはいうまでもない。これまでの学習の経過を示し、学習者の言語能力の現状を記し、何をどこまで獲得し、どこに課題があるのかを記述したい。さらに、この単元で重点的に獲得させたい言語能力を抽出し、目指す学習者の姿を想像する。なお、この項目は、「2　単元について」に組み入れる場合も見られる。

4　単元の目標と評価規準

　目標の設定に際し、桑原正夫（1977）の「目標の三層」は大きな示唆を与えてくれる。

> ○○○のために、（子どもの生活上、学習上の必要）　←生活目標
> ○○○について、（子どもが追求する問題内容）　←内容目標
> ○○○を行い、　（子どもが行う言語活動）　　　←能力目標
> ○○○ができるようにする。（子どもにつけたい言語能力）

　目の前の学習者の現状に立脚し、言語能力を育成しようとするねらいが明確になる。学習内容、言語活動の設定についても意識化できる。40年以上も前の著述であるが、今こそ見直されるべき卓見である。

　ここで立てた目標を評価規準を記述することによって、働かせていく「見方・考え方」、育成する「資質・能力」を意識し、具体化していく。国語科の観点は次の三つで構成される。

　　①知識・技能　　②思考・判断・表現（A話すこと・聞くこと　B書くこと　C読むこと）　③主体的に学習に取り組む態度

　当然、③は全ての単元で設定される。加えて、①は平成29年告示小学校学習指導要領において「〔知識及び技能〕に示す事項については、〔思考力・判断力・表現力等〕に示す事項の指導を通して指導することを基本とし」とあることからほとんどの単元で設定することが基本となる。

　②は、さらにA〜Cの三つの領域に細分化される。年間指導計画にしたがい、いずれか1領域を重点的に行う場合もあれば、2領域を複合的に扱ったり、3領域を総合的に組み込んだりする場合もあるであろう。具体的には、2019年中に公表されるであろう国立教育政策研究所の評価規準の作成のための参考資料を参照していただきたい。

5　他教科等との関連について―「学びの地図」―

　「カリキュラムマネジメント」の視座から、他教科との関連についても記述したい。

　【実例】では、学びの入口・出口、資質・能力や学習能力の関連性を踏まえ、パッケージとして括り、指導の効果を高めている。パッケージ化すること

は、子供にとって単元ごとの課題ではなく、複数の教科等にまたがる大きな課題が設定でき、一層見通しをもって学習計画を立てたり、短期・中期・長期の成果や課題を振り返ったりすることが可能になる。尚、この項目も、「2　単元について」に組み入れてもいい。

6　単元の指導計画

単元の目標が明確であれば、単元のゴールは明らかであり、指導計画も自ずと立てることができる。

学習指導要領に示される各領域の学習過程を参照すると計画が立てやすい。

単元導入は、学びの必要性を引き出す工夫が必要である。単元全体への学びのエネルギーを生み出す起点としたい。

単元終末では、単元での学びを振り返り、成果と課題を明らかにしたり、自己の変容について自覚したりする時間を設定したい。

7　本時の授業

本時の目標、本時の展開を記述するのが一般的である。

本時の展開では、「導入」、「展開」、「整理」というように時間軸で学習過程を示し、区分する場合が多い。

用語には多少の相違はあるが、大まかに「学習者の活動」「授業者のかかわり」「指導上の留意点（評価・個に応じた指導）」の三つに分けて記述する。「授業者のかかわり」を省略する場合も多くみられるが、「学習者の活動」を支え促すのは授業者である。授業者が何を（内容）どういう手立てで（方法）授業を進めるのか明確にすることは授業づくりの基本でもある。あくまでも学習指導案であるということを意識したい。

（佐野比呂己）

参考・引用文献
府川源一郎（2009）「学習指導案の作成と検討」全国大学国語教育学会編『国語科教育実践・研究必携』学芸図書
桑原正夫（1977）『子どもの側に立つ国語科単元学習の展開』新光閣書店

4.

教材研究

1)「教材」の位置付け

　教材研究における「教材」の位置付けを考えるにあたり、教師の側から、子供の側から、そして共につくる授業づくりの点から、以下の三つのこととの関係を整理しておきたい。
- 国語科学習指導要領における指導事項と言語活動―教材として―
- 学習者の実態―学習材として―
- 他教科等―授業材として―

(1) 国語科学習指導要領における指導事項と言語活動―教材として―

　平成29年告示小学校学習指導要領（以下、本節において「学習指導要領」とする）には、低・中・高学年ごとに指導事項と言語活動が示されている。教師側からすると、これらの内容を年間指導計画や単元計画として構想し、それらを具体化する際に「教材」が用いられる。「知識及び技能」「思考力・判断力・表現力等」による区分に対応して授業のために用意される材料であり、その代表が教科書教材である。

(2) 子供の実態―学習材として―

　学習者である子供たちはそれぞれ、それまで受けてきた授業での経験、読書の経験、そして生活の経験をもっている。授業での経験には、教わった先生ごとの指導の仕方や内容が、そして自らの学習の歴史があり、読書についてもだんだんと自分なりの読み方や読むものの好みができてくる。家庭や幼稚園・保育所での経験も生活とのつながりとして身に付いてきている。これらの各種経

験が現れているのが子供の実態である。したがって「教材」は、(1) との対応としてまずは位置付けられるが、教科書教材の生かし方に加えて、こういった子供の実態に沿うようなものとして加工されたり、さらに追加されたりするものと考えるべきである。

(3) 他教科等―授業材として―

国語科の指導計画は年間指導計画において他教科等と関係付けられる。学習者である子供たちはまさに、そういった全体の学習の中で国語の授業を受けている。つまり、全ての授業の材料として、国語の授業における個々の「教材」はあると考えるべきである。他教科等における教材が国語の授業で用いられたり、国語で学んだことが他教科等の授業で応用されたりするということである。

2)「言葉による見方・考え方」のための教材化研究

ここでは1）における (1) を中心に、つまり国語科の学習指導要領の内容の具体化について考える。特に国語科の特徴となる「言葉による見方・考え方」の学習指導において、子供がそれぞれの学びを意識化するためのきっかけとして教材を意義付けていきたい。そのために教材化研究という言葉を用いる。

言葉の学びの意識化において、以下では、相手意識、目的意識、方法意識、評価意識を設定し、それらの意識化と「思考・判断・表現等」における「話すこと・聞くこと」「書くこと」「読むこと」との関連から、三つに分けて提案する。学びの意識化のポイントとそれぞれの活動の交差によって、「言葉による見方・考え方」の具体化を図りたい。

(1)「話すこと（・聞くこと）」と「書くこと」

「話すこと」と「書くこと」では、共通して、相手意識と目的意識が教材化において重要となる。学びの意識化のポイントは、音声と文字による方法の違いを意識することである。

話す場合も書く場合も、どちらも相手と目的があってこそ成立する。この点

があいまいになると発声練習や書き取りと同じになってしまう。

　そこで、それぞれの方法の違いが意識できるように、それぞれの活動を交差させる場を設定することを提案したい。それは、例えば、スピーチを意見文に書き換えることである。これは、特定の相手に向けたスピーチの活動を不特定の相手に向けて意見文に書き換えることで、相手を意識した表現の工夫の必要を感じ取ることと、音声による話し言葉特有の表現と文字による書き言葉特有の表現の違いを認識することを目指す取組である。(逆に、自分の書いた意見文を説明する方法もある。ペアやグループ、教室で、口頭で説明することによって、そもそもの意見文の目的と相手意識を確認できるはずである。)

(2)「読むこと」と「(話すこと・)聞くこと」

　「読むこと」と「聞くこと」では、共通して、評価意識(場の意識)が教材化において重要となる。学びの意識化のポイントは(1)と同じく音声と文字による方法の違いを意識することである。

　読む場合も聞く場合も、どちらにおいても難しいのは、実際どのように読んでいるのか、聞いているのか、つまり子供がどのように理解・評価しているのかがわかりにくいことである。話したり書いたりすることでそれらを表現する場を設定することが多いが、読み、聞く段階にもっと意識を向ける方法を提案したい。それは、「聴解・要約・再構成」という方法である。教師等が教材文を音読する。その際、聞いて理解した内容を要約する学習を合わせて設定することで、聞き取ったことのメモを取りながら教材文の音読を聞き、自身の理解に基づくメモをもとに教材文の内容を再構成するというものである。この学習の後で、教材本文を改めて読み直すことで、読むこと自体が意識化されるはずである。もう一つは、音読テキスト化である。教材文を「聞いてわかりやすい文章」に書き換える学習である。黙読向けの教材文は音読では理解しにくい点がある。そのことを考えて、例えば下の学年に向けて書き換える。子供それぞれの理解に応じた書き換えとなり、子供の実態把握にも役立つ(この方法は、異学年による複式学級指導、グローバル時代の「やさしい日本語」の学習等に

応用できる)。

(3)「読むこと」と「書くこと」

　「読むこと」と「書くこと」では、共通して、文字による表現方法を意識化することが教材化において重要となる。学びの意識化のポイントは、当事者と第三者それぞれの立場の違いを理解することである。

　書き手の意図を考えながら読むこと、読み手を想定して書くことは、いわゆる読み書き教育の基本と位置付けられる。しかしながら、説明文における書き手は専門家である場合が多く、簡単にはその立場に近付けない。また読み手を想定して書く場合も、実際の読み手の様々な実態(年齢、男女、職業、地域、嗜好など)に対応することは難しい。それでも、教材文を読んで理解する上で、また相手に分かりやすい文章を書くうえで、それぞれの書き手や読み手を意識化する学習は必要である。

　そこで提案するのが、視点(語り方)を変えて書く活動である。説明文であれば、要約の仕方を工夫する。一般に、教材文の内容を短くまとめ、その意見を整理することが多いが、つまり、説明文の筆者の代わりに要約することが多く、その方がやりやすいが、その書き手を第三者として、「筆者の〇〇さんは〜」というようにして要約するのである。その文章の書き手である筆者の立場をより明確にすることに意味がある。このことが自分の書く文章においても生かされることをねらっているのである。

　一方、文学的文章では、登場人物のそれぞれの立場で書き換える場合が多いが、ここで提案するのは三人称を一人称に書き換えるというものである。三人称で語られている中心人物を語り手にして書き換えることで、中心人物へより接近できる。例えば、「スイミー」では「スイミー」を「ぼく」に書き換える。それによって、スイミーの気持ちや思いを身近に感じて読むことが可能となる。子供が自身を意識して主体として活動する機会を設定するための提案であり、いわゆる当事者としての立場を意識化する活動の提案である。

(上谷順三郎)

5. 教材開発

1）教材開発とは何か

　教材とは、子供が学習に際して直接関わる材料全般のことである。教材は子供が教育内容を学ぶための媒材であり、教育内容を具体化し、子供へつなぐ仲立ちをするものであると言える。学習において価値をもつことを重視して、教材を「学習材」と呼ぶこともある。

　教材開発は、学習に先立って教師が教材を準備する行為である。教材としてまず想起されるのは教科書であろうが、教科書教材だけでは十分でないと考えられるときには、補充教材や代替教材を準備する必要があるだろう。学習を支援するためのワークシートや学習の手引き等の作成も、教材開発の重要な要素である。また、話すこと・聞くことや書くことの学習にあたって子供が興味をもって取り組める話題を準備することも教材開発の一つになる。授業場面での教師の話自体が子供のお手本となることを考えれば、教師が言葉遣いや話し方を意識し、鍛えておくことも教材開発の一つと捉えられる。

　このように、教材開発とは、子供の実態や育てたい力を想定した上で、子供がよりよく考え、学ぶための手立てを講じることである。

2）教材を探す・集める

　読むことの学習では、教科書所収のテキストを教材として用いることが多い。ただし、教科書教材だけでは子供の実態にそぐわなかったり、比べ読みや並行読書、発展的に調べ学習を取り入れたりするときは、必要な資料や作品を教師が準備しなければならない。帯単元で音読や暗唱を行おうとするときも、教科書教材だけでは足りないので、教師が教材を集める必要がある。

教材とするテキストを選ぶ際に、まず重視すべきは、学ばせたい教育内容が反映されていることである。教師は、漠然と読ませたいテキストを探すのではなく、教材化する意図を明確にもってテキストにあたる必要がある。また、テキストの内容や難しさが子供の関心と実態に即していることも重要である。教師が読んでほしいテキストを教室に持ち込んだとしても、それが子供の実態に見合っていないのであれば学習は成立しない。

　テキストを探すときには、教科書で紹介されているブックリストや関連図書等が最初の手掛かりとなる。書店や図書館で直接書棚を眺め書籍にあたることも大切だが、インターネット書店を活用すれば、検索したことがある書籍の関連図書や新刊図書の情報が配信されてくるので参考にできる。新聞や雑誌等の記事も、教材として活用できることが多い。

　教材として活用できるテキストは、一朝一夕に集められるわけではない。日頃からアンテナを張っておき、こまめに収集しておくことが大切になる。

3）ワークシートや学習の手引きを作成する

　授業で使用するワークシートや学習の手引きを作成することは、最も頻繁に行う教材開発である。ワークシートや学習の手引きは、子供が何をすべきか、具体的に見えるようになっていることが重要である。例えば、次のワークシートのどこに課題があるか、考えてみよう。

　「まとめましょう」という指示だけでは、子供は何を書けばよいか分からない。一方で、子供が書き込む枠をいくつかに分けておけば、本文からいくつ情報を探せばよいかを考える手掛かりになる。「ライオンの赤ちゃん」と「シマウマの赤ちゃん」の枠を並べる形にすれば、上下の内容を比較させることができる。また、この表の上部に「大きさ」「目」「耳」等の観点を示しておけば、本文からどのような情報を見つければよいかを考える際の手掛かりになる。逆に、最初は観点を書かず後で書き込むようにすれば、比較の観点を見つけたり、簡単な要約をしたりすることになる。このように、枠の形をどのように設定するかで、進めようとする学習が変わってくる。

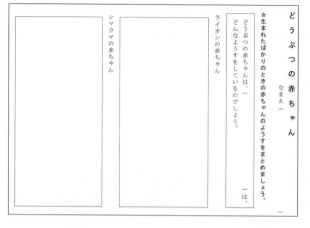

本文を手がかりにして空欄を埋める活動は、一見するとキーワードを考える活動のように見える。しかし実際は、ワークシートにある前後の言葉を手掛かりに当該箇所を探すだけになりやすい。

一方、空欄補充のために言葉を探すことで、本文の該当箇所に目が行きやすくなるというメリットもある。設定する活動にどのような長所と課題があるかを考えておくことが必要だろう。

ワークシートの作成に当たっては、思考ツールを活用することも有効である。ただし、思考ツールは子供の思考を補助する手立てであって、ツールを用いることが目的化しては意味がない。そのツールで子供にどのような思考を促すのか、意図をもって活用することが重要である。

学習活動の手順を示したり、課題解決のヒントを提示したりするための補助資料が学習の手引きである。話形や文型、書き出しの例を示すことも有効だが、型を示せば、内容を吟味せず型に当てはめてしまうだけにもなりやすい。たとえば、「その理由は」を使えば、適切な理由になっていなくても理由を述べたと思ってしまいやすい。話型や文型は、伝える内容や型の使い方の指導と合わせて用いることが肝要である。

4）子供の作品を教材化する

子供が作成した作品も有効な教材の一つである。子供は、友達の作品に高い関心をもっていることが多い。そこで、特徴がある友達の作品をモデルとして提示することで、どのようなものを目指せばよいかが明確になり、学習の見通

しをもたせやすくなる。過年度に先輩が作ったもの等を、複写や写真でもよいので本人の許諾をとって手元に残しておくと、子供に示す手本として活用できる。なお、子供の作品はそれぞれが精一杯の力を発揮して取り組んだ成果なので、修正する箇所を考えさせるのではなく、手本として活用するように配慮したい。

5）表現活動の題材を設定する

　話すこと・聞くことや書くことの学習では、教師が取り組む表現活動の題材を設定することが必要となる。こうした、学習に見合った題材を提示することも教材開発の一つである。

　題材の設定に際しては、子供の関心の方向を見取り、興味をもって取り組める話題を選ぶことが必要である。関心がある題材であれば、学習に対する主体性を高めることが期待できる。また、子供の経験や知識等から考えられる題材であることにも留意したい。知識や経験を伴わない題材だと、表面的で浅い内容になりやすいからである。社会問題等、子供の生活から少し遠い題材を設定するのであれば、表現内容に生かす知識を得る調べ学習と組み合わせるなど、学習上の工夫が求められる。

6）教材開発の留意点

　教材は、子供が直接目にし、手に取るものである。レイアウトや記述欄の大きさ、分量、文字の大きさ等にも気を配り、子供に負担が大きすぎない内容になっているかを常に意識することも必要である。

　開発した教材を用いればどのような学習活動になるかを子供の視点に立って、想定することが、教材開発の基本である。開発した教材を教師自身がやってみて、子供の思考や活動を把握しておくことは、教材の特徴を把握する有効な手段となるだろう。行わせたい学習活動を示すだけでなく、子供が活動しやすい手立てを具体的に示す工夫が、教材開発では求められる。

（幾田伸司）

6. 国語科の学習過程

　『小学校学習指導要領（平成20年告示）解説　国語編』では、国語科改訂の要点として、「学習過程の明確化」が打ち出された。これは、自ら学び、課題を見付け、解決していく能力の育成を強く意図したためである。
　この流れは、『小学校学習指導要領（平成29年告示）解説　国語編』（以下、本節において「解説」とする）にも踏襲され、次のように記載されている（下線は稿者による）。

> ③　学習過程の明確化,「考えの形成」の重視
> 　中央教育審議会答申においては，ただ活動するだけの学習にならないよう，活動を通じてどのような資質・能力を育成するのかを示すため，<u>現行の学習指導要領に示されている学習過程を改めて整理している</u>。この整理を踏まえ，〔思考力，判断力，表現力等〕の各領域において，学習過程を一層明確にし，各指導事項を位置付けた。
> 　また，<u>全ての領域において，自分の考えを形成する学習過程を重視し，「考えの形成」に関する指導事項を位置付けた</u>。
> （「解説」2　国語科の改訂の趣旨及び要点（2）③学習内容の改善・充実　9頁）

　学習過程とは、言い換えると「子供の思考過程」である。従来見られた「訓詁注釈型」や「教師がしゃべり続ける授業」においては、「教師の思考」は活性化されていた。しかし、「子供の思考」については、置き去りにされていたように思われる。
　子供自身が「言葉による見方・考え方」を働かせ、「主体的・対話的で深い

学び」を実現していくことが求められている現在、「自分の考えを形成する学習過程を重視」した授業設計へと改善していくことが大切である。

また、これは国語科授業内における評価の在り方とも関わってくる。これからは、単元末に生成される作品だけでなく、学習過程においてどのような言語活動を行い、国語科授業内でどのような思考・判断・表現ができるようになったのかについて焦点を当てたい。いわゆる"プロダクト（作品）から、プロセスへ（学習過程）"である。以下、その具体例について説明する。

1)「主体的・対話的で深い学び」を実現する学習過程

解説の「思考力、判断力、表現力等」に配置された「A　話すこと・聞くこと」「B　書くこと」「C　読むこと」の学習過程は、以下の通りである。

表1　「A　話すこと・聞くこと」「B　書くこと」「C　読むこと」の学習過程

「A　話すこと・聞くこと」			「B　書くこと」	「C　読むこと」
話すこと	聞くこと	話し合うこと	書くこと	読むこと
話題の設定	話題の設定	話題の設定	題材の設定	構造と内容の把握（文学的な文章）
情報の収集	情報の収集	情報の収集	情報の収集	構造と内容の把握（説明的な文章）
内容の検討	構造と内容の把握	内容の検討	内容の検討	精査・解釈（文学的な文章）
構成の検討	精査・解釈	話合いの進め方の検討	構成の検討	精査・解釈（説明的な文章）
考えの形成	考えの形成	考えの形成	考えの形成	考えの形成
表現	共有	共有	記述	共有
共有			推敲	
			共有	

また、「主体的・対話的で深い学び」については、「小学校学習指導要領（平成29年告示）解説　総則編」（P77）において、詳述されているので参考にしていただきたい。

さて、国語科の授業における「主体的・対話的で深い学び」を実現するため

Ⅲ　国語科授業の計画

のポイントについて、各領域の学習過程に沿って考察していこう。

「話すこと」・「書くこと」の領域は、いわゆる「表現」の領域に当たるものである。大切にしたいポイントは、導入の段階で、子供自身が「表現することの意味」を理解しておくことである。「話すこと」・「書くこと」の学習過程を並べてみると、そのことがよく見えてくる。2領域とも、ほぼ「話題の設定」―「情報の収集」―「内容の検討」―「考えの形成」―「表現・記述」―（「推敲」）―「共有」となっており、同様のプロセスになっている。つまり、音声表現であれ、文字表現であれ、子供自ら相手意識や目的意識を明確にして話題や題材を「設定」することから、学習がスタートしているのである。そして、自分の考えを形成・表現、他者との共有へとつながっていく。

ややもすると、多忙極まる学校現場では、「言語活動」の時間を確保したいために、教師の「お膳立て」から単元をスタートさせたくなる。しかし、「言語活動」をすることが、目的ではない。単元の導入を丁寧に行い、子供に「表現することの意味」をもたせたい。

次に、「聞くこと」の一部と「読むこと」を比較しよう。いわゆる「理解」の領域である。ポイントは、「理解と表現の往還」である。この2領域の共通する学習過程として、「構造と内容の把握」―「精査・解釈」―「考えの形成」―「共有」があることが分かる。少々乱暴だが、分かり易くするために「把握」を「テクストの理解」と換言すると、「解釈、考えの形成、共有」は、「テクストについての自分の考えを、他者と伝え合うこと」になる。つまり、音声テクストや文字テクストを理解して終わり、ではなくて自分の考えを表現し、さらに深めていくことが求められている。

すなわち、3領域全ての学習過程では、いずれも「主体的・対話的で深い学び」が実現できるように構成されていることがうかがえる。

今後の留意点も挙げておく。それは、「対話的な学び」が、学習過程の最後に配置されている「共有」のみで行えばよい、と錯覚しないことである。例えば、人間が文章を書くときの状態を考えてみよう。J・T・ブルーアー（1997）の指摘通り、書くことは「キャッチ機能を持った多重回線電話」だと考えると

分かり易い。つまり、文章を書くという個人的な作業でさえも、次々と掛かってくる電話の内容をキャッチ機能で保留しつつ、関連する情報をすり合わせて返答するように、自他との対話を往還させながら進めるのである。すなわち、「対話的な学び」は、単元の終末に留まるのではなく、学習活動中は常に自他との対話を促していくことが大切である。

2)「共有」を充実させる「振り返り」

平成20年版と平成29年告示学習指導要領における学習過程については、本質的な点では変化は見られない。ただ、前回新設された「交流」が、今回「共有」に置き換えられたことに注意したい。「共有」は、各自で

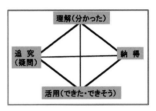

【図1 「振り返り」の観点】

「振り返る」ことなくしては実現しない。単に、賞賛し合うだけの、反対に欠点を指摘し合うだけの活動は、ある意味「交流」ではあるが、よさや課題の「共有」からは、かけ離れている。

原田（2018）の研究では、「振り返り」の観点をダイヤモンド型に「見える化」したもの（図1）を活用した。これは、「宣言的知識」を表す「分かった」、「手続き的知識」を表す「できた」に加え、協働的な学習の中で生まれる「納得」、学習の深化に伴う「疑問」を配置している。研究の中では、「振り返り」の質・量と学力の定着度が、相関関係にあることが明らかになった。すなわち、授業は教師が全体のまとめをして終わりではなく、各個人内で学んだことを「振り返り」、整理させることが重要である。

（原田義則）

引用・参考文献
J・T・ブルーアー著、森敏昭、松田文子監訳（1997）『授業が変わる 認知心理学と教育実践が手を結ぶとき』、1997、北大路書房
原田義則（2018）「NIEによる表現力の育成と効果の検証」、第15回日本NIE学会鹿児島大会シンポジウム資料

7. 「言語活動」の構想

1）なぜ「言語活動」なのか

　「言語活動の充実」というマジックワードが、私たちの視野に突然飛び込んできたのは、平成20（2008）年の中央教育審議会答申であった。すべての教科の学習指導の改善の指針として、「言語活動」を意図的、計画的に構想せよというメッセージが打ち出され、それに基づいた学習指導要領が成立した。この取組は2020年度に新たに施行された学習指導要領においては、「主体的学び」「対話的学び」「深い学び」という学習指導改善のスローガンへと、より明確な構造化が試みられ、その役割が引き継がれている。

　「知識は社会的に構成される」という考えは、平成29年告示学習指導要領の基盤をなすテーゼである。学びとは、すでに確定した知識体系を合理的に内面化していくことではなく、社会的文化的創造行為への参加である。その過程で紡ぎ出される「知恵」こそが、この「知識基盤社会」を生き抜くために、生きて働く「知識」である。すなわち、重要な資質・能力（キー・コンピテンシー）は、どのような情報を現時点で保有しているかではなく、流動的な知識が社会的に構成されていくプロセスに、影響力のあるメンバーとして参加する力である。今日の学習指導要領が実装するのは、このような学習理論である。こうした社会参加と、社会的合意形成を支えるのが、他ならぬ「言語活動」というわけである。21世紀型学力と呼ばれる、汎用的な問題解決能力の錬成を構想するとき、「言語」を用いて何らかの社会的営み（言語活動）を組織することは、学習を構成する必須の条件なのである。

2）「言語活動」の三つの機能

それでは、「言語活動の充実」というテーゼを引き継いで授業改善の指針として提起された「三つの学び」を、これまで議論してきた「言語活動」の機能とつなげて立体的に見てみよう。

右図を見てほしい。ここに図

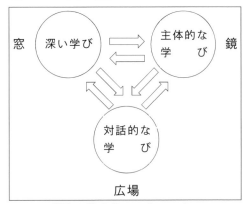

図　三つの学びの関係

像化したのは、相互作用する学びの三つの機能を構造化したものである。このモデルを、それぞれの機能の本質を捉えるために、「あだ名」をつけてみようと思う。「主体的学び」を、ここでは「鏡」、「深い学び」は「窓」である。この二つの対に媒介する「対話的学び」を、ここでは「広場」と呼ぶ。

（1）「主体的学び」と関わって

子供たちが、意欲的に、歓声を上げながら取り組む姿を「主体的な学び」だと考える向きがあるが、それをここでは否定しておきたい。「主体的な学び」とは、「鏡をのぞきこむ」ことだと考えてみよう。自分自身と対峙し、振り返り、考える営みだと。例えば文学テクストとの出会いが、読者である子供たちに食い入り、問題化している状態が生まれたとき、その学習は主体的である。「言語活動」は、子供たちが自分自身を問い直し、自分自身にとってのテクストの意味を言語化する機会を組織するものでなければならない。そのとき、子供たちはむしろ、深甚たる沈黙の中にあるかもしれない。「お手紙」で出会った二人のやりとりを聞いているうちに、かえるくんがそうであったように、がまくんのために何かやってあげたくなる子供がいたとしたら、この物語テクストは、彼もしくは彼女自身をそこに映し出す「鏡」として機能しているのである。

(2)「深い学び」と関わって

　また学びは私たちが直面し、対峙している「世界」への「窓」を開く営みでなければならない。私たちは、客観世界を客観的に把握できる「神」ではない。小さな認識のレンズを通して、きわめて限定的に夜空を見上げ、そこで見いだしたわずかな星座を、「対象世界」の全てとして認識するしかない、小さく不完全な存在である。「深い学び」とは、そうした「認識の小窓」（スキーマ）に縛り付けられた私たちが、「壁」だと思っていたところに、「窓」を穿つ営みである。それは、そこに世界と認識主体との新しい関わり方が生まれることである。子供たちが、それまでまったく意識しなかった物語の構成要素「脇役」の存在に気が付いたとき、がまくんとかえるくんのドラマの面白さは、全てかたつむりくんに依拠していることに気が付く。そして、子供たちのテクストを介して見ていた世界は、一変する。「深い学び」をデザインするということは、子供たちの言語認識によってつかまえられている世界を、それまでとは異なる方法でつかみ直すよう刺激を与え続けることである。つまり「言語活動」が「深い学び」を成立させるためには、その活動が、テクストと子供たちとの関わり方を何らかの形で変えるようにデザインされている必要がある。

　「主体的な学び」（鏡）と「深い学び」（窓）は、コインの裏と表である。新しい視野を得ることは、必然的に自身を見つめ直す契機となり、その鏡体験はまた、今一度現前するテクストに新しい窓を探すことを促すからである。

(3)「対話的学び」と関わって

　古来、私たちは、「広場」を必要とする生物であった。文明文化の発展にとって、「広場」は、不可欠なインフラだからである。そこでは、様々な価値（情報）が交易され、関わり合い、せめぎ合い、変容を遂げていく。

　すなわち、個々の子供たちの「窓／鏡体験」に、相互承認の機会を与え、社会的な意味を生み出すことこそが、「対話的学び」の機能なのである。テクストとの出会いによって生まれた「窓／鏡体験」は、そのままでは個人的な体験にとどまり、社会的には存在していないことになる。「言語活動」は、そうし

た個人的な認識に、言語によって象られ、構造化された、社会的に共有可能な「形」を与える。たとえば、がまくんへの手紙を、かたつむりくんに託したシーンを、ドラマとして演じてみるという「言語活動」が、教室に組織されるとする。その活動を通してこそ、初めてそこに「一刻も早く」と焦るかえるくんの気持ちと、「すぐやるぜ」という言葉によって逆説的に語られる、かたつむりくんの緩慢な動きとの間の、強烈なせめぎ合いが可視化されるかもしれない。そして、この緩急の二項対立構造こそが、「お手紙」というテクストを楽しむための「窓」であり、子供たちに「鏡」をのぞかせる契機となるのである。

このような学びの三つの機能を踏まえて具体的な「言語活動」を構想するためのポイントをまとめてみる。

①子供自身の読者反応や意味付けを促進しているか？
②子供が教材との新しい関係を築くための手助けをしているか？
③発見した意味を仲間と共有するための形式や場を提供しているか？

3）「言語活動」の陥穽：「重荷」としての「言語活動」

「言語活動の構想」とは、文学テクストの構造分析（子供が直面する「窓」の正体を見極めること）と、「言語活動」の構造分析（そこで生まれる「窓／鏡」体験の共有形式を見極めること）との、慎重なマッチングを行うことである。しかし、実践現場では、むしろどのような「言語活動」が盛り上がるか、ということを模索することに終始するケースも少なくない。活動ありきで進行する実践は、結局子供たちの前に魅惑的な「窓」を開くことができない。世界と主体との間に新しい関係を開くはずの「言語活動」という道具は、実に便利なものである。だが、現前する課題（窓）に最適な道具（広場）が用意できなければ、鏡は機能しない。便利な道具はしかし、同時に「重荷」でもあるのだ。　　　　　　　　　　（住田勝）

IV

国語科授業づくりの実際

1. 知識及び技能を育てる授業づくり

[　　　1. 言葉の特徴や使い方　　　]

❶言葉の働き

　平成29年告示小学校学習指導要領の国語科（以下、本節において「学習指導要領」とする）では、〔知識及び技能〕(1)の指導事項の一つとして、「言葉の働き」を設定している。ここでは、「言葉には、～働きがあることに気付くこと。」という文型で統一して表され、低学年では「事物の内容を表す働きや、経験したことを伝える働き」、中学年では「考えたことや思ったことを表す働き」、高学年では「相手とのつながりをつくる働き」が挙げられている。

　このうち高学年の項目は、言葉の働きに関する系統的な学習ということを考慮して新設された。各学年に共通して求められているのは、言葉を客観的に捉える力（メタ言語能力）である。〔知識及び技能〕は、扱う内容によって取り立てて授業で扱うこともある。しかし、言葉の働きに関しては、話すこと・聞くこと、書くこと、読むことという各領域の具体的な活動の中で、言葉がどのような働きをしているのかにも目を向けさせ、その役割に気付かせる場面を適宜設ける形をとるのがよい。そして、それ以降の言語活動で、その気付きを自覚的に生かしていくというつながりをつくっていく。

　また、同じ知識及び技能の中の、他の項目（特にここでは「語彙」）との連携を図ることで、指導の効果を高めることも必要である。中学年で扱う「考えたことや思ったことを表す働き」については、同学年の語彙における「気持ちを表す語句」と関係が深いが、さらに高学年で扱われる「思考に関わる語句」

とのつながりも深いので、学年をまたぐことにも留意すべきだろう。一方で、高学年に新設された「相手とのつながりをつくる働き」とは、「話し手と聞き手（送り手と受け手）の間に好ましい関係を築き、継続させる働き」と「小学校学習指導要領（平成29年告示）解説　国語編」（以下、本節においては「解説」とする）で説明されているように、コミュニケーションにおける言葉の役割を自覚する内容となっている。具体的には「挨拶などの日常会話」が取り上げられており、相手を意識した言葉の選択という点では「言葉遣い」の項目とも密接に関わることになる。このように、〔知識及び技能〕の他の関連する事項を複合的に扱うことで指導の効果が上がる。さらに、外国語科及び外国語活動との連携についても留意が必要となる。

❷文・文章

　文や文章に関する事項は、学年を追うごとに増えている。しかしながら、共通して重視されているのが「主語と述語との関係」である。この主語と述語との関係については、平成20年告示の学習指導要領までは低学年で「注意すること」と示されているだけで、中学年になると「文の構成についての初歩的な理解」の中に含められてしまっていた。今回の改訂では、低学年では「気付くこと」、中学年では「理解すること」、高学年では「文の中での語句の係り方（について理解すること）」というように、全ての学年で押さえるべきものとされた。これは、全国学力学習状況調査の結果において文の理解に課題のあることが背景としてある。特に、高学年における「文の中での語句の係り方」は、主語と述語だけではなく、中学年で扱う修飾語と被修飾語の関係をはじめ、「なぜかというと…からです」のように理由を表すのにふさわしい文末表現にすることなども含まれる。この言葉の呼応の課題は、話すことの活動の場合にも関係するし、根拠を示しながら文章に表現する活動の場合にも関係する。また、「語順」についても新設されている。これは、日本語の語順と外国語の語順とを比較する中で、文の中での語句の係り方を見つめ直す契機ともなる。

　また、今回の学習指導要領では、高学年に「文と文との接続の関係」という

表現が使われ、これまで中学年に見られた「文と文との意味的つながり」をより体系的に意識させるようになっている。これは指示する語句、接続する語句を含めた文のつながりはもちろんのこと、今回記述の無くなった「文章の中での語句と語句との関係の理解」も含めた、広い意味での「文と文との接続」を視野に入れていく必要があることを意味しているのである。

　さらに、平成20年度告示の学習指導要領における文や文章の「いろいろな構成」については、平成29年度版学習指導要領では「話や文章の構成や展開」、「話や文章の種類とその特徴」という二点が加わったことに留意したい。一つは、「文」ではなく「話」となり、書き言葉だけではなく、話し言葉（談話）についても言及している点である。そしてもう一つは、「種類とその特徴」というように、文種による表現の特徴を踏まえた理解と表現が求められるということを明確に示している点である。実際の言語活動で扱うものがどの文種なのかによって、その特徴を理解した上で、それを生かせるような活動を組み立てる必要がある。

❸表現の技法

　表現の技法については、平成20年告示の学習指導要領と内容に変わりがない。中学1年での「比喩、反復、倒置、体言止めなどの表現の技法を理解し使うこと」につながる項目である。ただし、比喩や反復といった表現の技法は、既に低学年段階からよく用いられているものでもある。したがって、低学年・中学年の段階では個々の様々な表現に出会い、それらを理解し、使う経験を積み上げていくことが求められる。その積み上げの先に、高学年段階における言語表現の技法をメタ的に捉える学習がある。また、表現の技法を用いる背後にある表現者の意図を理解することで、自らの表現に生かすこともできる。

（山室和也）

引用・参考文献
市川孝（1978）『国語教育のための文章論概説』教育出版
瀬戸賢一（2002）『日本語のレトリック—文章表現の技法—』岩波ジュニア新書
文部科学省（2019）『小学校学習指導要領（平成29年告示）解説　国語編』東洋館出版社

❹話し言葉と書き言葉

　人間は生まれてからまず口頭言語（音声言語）を獲得し、当該言語の音声・音韻構造、基本的な文法構造や語彙を獲得する。そして、学習を通して書記言語（文字言語）を習得する。音声を媒介とする言語と文字を媒介とする言語には違いがあり、それぞれの特徴や仕組み、きまり等を理解する必要がある。「話し言葉と書き言葉」の指導事項には、これらの知識及び技能を身に付けられるようにするために、主に「音声言語による活動の基盤」となる学習や「書き言葉のきまりに関する理解と適切な使用」に関する学習が位置付けられている。話し言葉は、基本的には音声を媒介とした言葉（音声言語）を意味するが、話す時のみに主に用いる言葉を指して用いられる場合もある。また、書き言葉は、基本的には文字を媒介とした言葉（文字言語）を指すが、日常会話ではあまり使われず、主として文章を書く時に用いられる言葉を指す場合もある。

　学習指導要領では、まず音声言語による活動の基盤として、「文字と音声との対応」や「語の認識」、「分かりやすく明瞭な話し方」に関する内容が設定されている。聞き手に伝わるように話すためには、「姿勢や口形、発声や発音に注意して話すこと」（第1学年及び第2学年）、「相手を見て話したり聞いたりするとともに、言葉の抑揚や強弱、間の取り方などに注意して話すこと」（第3学年及び第4学年）が必要である。また、/ハシ/（橋・箸）のように、日本語のアクセントは一般的に音節（拍）の高低で理解されるため、アクセントによって語を弁別していることに気付かせるような指導が求められる（第1学年及び第2学年）。これらの知識及び技能は、「話すこと・聞くこと」の学習において活用できるようにしていくことが大切である。

　次に、「書き言葉のきまりに関する理解と適切な使用」に関する学習として、第1学年及び第2学年では、長音（例：おか<ruby>あ<rt>よう</rt></ruby>さん）、拗音（例：きゃ）、促音（例：らっぱ）、撥音（ん）などの表記や助詞の使い方、句読点の打ち方やかぎ（「　」）の使い方、片仮名で書く語の種類を知ること等、第3学年及び

Ⅳ　国語科授業づくりの実際　69

第4学年では、漢字と仮名を用いた表記（漢字仮名交じり文）、送り仮名の付け方、改行の仕方等、第5学年及び第6学年では、漢字と仮名の使い分け、送り仮名や仮名遣いに注意して書くこと等が設定されている。あわせて、平仮名の読み書きについては、第1学年で全部の読み書きができるようにすること、ローマ字は第3学年で指導することが求められている。

仮名遣いは「現代仮名遣い」（昭和61年内閣告示※平成22年「常用漢字表」内閣告示に伴い一部改正）、句読点の打ち方は「くぎり符号の使ひ方〔句読法〕（案）」（昭和21年文部省教科書局調査課国語調査室）、送り仮名は「送り仮名の付け方」（昭和48年内閣告示※平成22年に一部改正）、ローマ字は「ローマ字のつづり方」（昭和29年内閣告示）を参照した上で指導を行うとよい。

❺漢字

日本語の文字体系は、平仮名、片仮名、漢字、ローマ字など種類が豊富である。その中でも漢字は音だけでなく意味を有し、和語、漢語、外来語、混種語などの表記に用いられている。漢字は、日本に導入された時期によっていくつかの読み（呉音・漢音・唐音など）があり、さらに音訓の使い分けや送り仮名など学習内容が多岐にわたる。その分、漢字指導は、語彙指導や文法指導、作文指導や読解指導など他の領域の学習とも密接な関連を有し、それらの学習における機会的指導と、漢字そのものを対象とした文字体系を踏まえた系統的な取り立て指導の両面から、多彩な学習を行うことができるという特徴を持つ。

漢字指導では、「読字力」（漢字の読み方を知り意味を措定する力）、「書字力」（読みや意味に対応させて漢字を書写する力）、「運用力」（語句の意味や文の脈略に対応させて漢字を読んだり書いたりする力）などの「漢字力」を育成することが求められる（千々岩2015）。小学校における学習対象文字は、学習指導要領の学年別配当漢字表に示された1026字である。今回の改訂において新たに都道府県名に用いる漢字20字（茨、媛、岡、潟、岐、熊、香、佐、埼、崎、滋、鹿、縄、井、沖、栃、奈、梨、阪、阜）が追加された。

漢字の読みについては当該学年において定着を図るが、書字は習得に時間が

かかることから書きの指導は2学年間という時間をかけて行い、第6学年に配当された漢字については当該学年において漸次書き、文や文章の中で使うとともに、中学校の第2学年までの間に確実に習得・運用できるようにすることが示されている。なお、学年別配当漢字は、子供の学習負担に配慮しつつ、必要に応じて当該学年以前又は以降の学年において指導することもできる。

　漢字指導では、子供が自ら漢字を学ぶ力（漢字の自己学習力）を育成することも重要である。現在、自主的な学習で多く用いられているのは「ドリル」等を使った反復練習であるが、それ以外にも漢字の特質や役割を生かした様々な学び方を取り上げていくことが重要である。例えば、漢字指導法には「漢字の構成要素に着目した分解的・体系的指導法」「字源に着目した指導法」「遊戯的指導法（パズル、口唱法など）」「語彙指導と重ねた指導法」（千々岩2015）等がある。それぞれの意義を踏まえた上で適宜取り入れていくことが望ましい。

　漢字の構成要素や字源等の学習指導は、「我が国の言語文化に関する事項」の「言葉の由来や変化」及び「書写」の内容ともつながるものである。

　なお、漢字を手書きした際の細かな部分の差異に対する評価の仕方について問題となることがあるが、解説の「〔知識及び技能〕に示す事項の取扱い」（p.164）に示されているように、「学年別漢字配当表」に記された漢字の字体はあくまでも「標準」（漢字の標準的な字体の拠り所）であり、それ以外を誤りとするものではないことに留意する必要がある。また、情報機器の使用による漢字の多用化傾向や、手書きをする機会の減少等の指摘があるが、一般の社会生活における漢字使用の目安となる「改定常用漢字表」（平成22年文化審議会答申）や手書きの意義を踏まえながら、日常生活においても漢字に目を向け、漢字の特徴や役割等に気付き、漢字学習の面白さを味わうことのできるような指導法の開発が求められる。

（長岡由記）

引用・参考文献

沖森卓也・木村一編著（2017）『日本語ライブラリー　日本語の音』朝倉書店

千々岩弘一（2015）「国語科教育における漢字指導の共有点とその源流」『日本語学』34（5）、明治書院

文化庁編（2016）『常用漢字表の字体・字形に関する指針：文化審議会国語分科会報告（平成28年2月29日）』三省堂

❻語彙

1）語彙指導

　語彙の指導といった場合、一つには、単語や語句の意味を国語辞典で調べたり、使い方を考えて文を書いたりする学習が思い浮かぶ。これらは、語句指導と呼ばれる。

　一方、語彙の指導では、単語や語句を一つずつ扱うのではなく、ある単語とある単語がどのような関係にあるか、単語同士がどのような集まりとしてまとめられるかなど、関係や集合について学習する。

　つまり、単語や語句それ自体を扱って学習すれば語句指導であり、他の単語などとのつながりの中で扱って学習すれば語彙指導となる。このように、単語や語句の学習には語句指導と語彙指導の二つの側面があるため、「語句・語彙の指導」と併記したり、単純に「語彙指導」とまとめて言い表したりする。

　単語や語句が様々に組み合わされて、文や文章ができていく。そして、文や文章を読むことを通して、例えば、教科書に書かれている社会科や理科の内容が学ばれていく。だから、文章を構成している単語や語句の意味の理解があいまいになれば、その文章の意味の理解もあいまいになり、さらにはその文章で説明されている教科等の内容もよく分からないということになってしまう。

　平成29年版の学習指導要領において、「語彙は、全ての教科等における資質・能力の育成や学習の基盤となる言語能力を支える重要な要素である」として、語彙指導の改善・充実が図られたのも、そうした理由からである。

2）語彙指導の内容

　学習指導要領における語彙指導の内容は、大きく分けて二つから構成される。一つは、話や文章の中で使う単語や語句の量を増やすことである。もう一つは、単語同士のまとまりや関係に気付いたり、単語の特徴を細かく考えたりすることである。

　語句の量を増やすことに関しては、第1学年及び第2学年では「身近なこ

とを表す語句の量を増し」、第3学年及び第4学年では「様子や行動、気持ちや性格を表す語句の量を増し」、そして、第5学年及び第6学年では「思考に関わる語句の量を増し」と示されている。各学年で重点的に扱う語句のまとまりが示されていることや、語句を単語に限らず、「〜になった原因を考えてみると…」のような言い方も含めた、幅広い捉え方をしているのが特徴である。

　また、語句の量を増やすことだけでなく、「意味による語句のまとまり」（第1学年及び第2学年）や「性質や役割による語句のまとまり」（第3学年及び第4学年）も位置付けられている。低学年では、ある単語を中心に、それと反対の意味の単語や似た意味の単語を出し合ったり、色を表す語句や体の部分を表す語句を集めたりするなど、意味に着目した指導が中心である。中学年になると、品詞の考え方に基づきながら単語の性質を考えたり、程度を表す副詞や擬音語・擬態語のように修飾する語句を理解したりするなど、意味だけでなく役割に着目した指導が行われるようになる。

　その上で、第5学年及び第6学年では、「語句と語句との関係、語句の構成や変化」が位置付けられてくる。これまでの内容の延長線上に、対義語や類義語、上位語・下位語といった単語同士の関係を扱ったり、接頭語や接尾語、複合語などの語構成、さらに単語同士が重なることで起こる音の変化や語形の変化などを扱ったりする。このような積み重ねを通して、「言葉の使い方に対する感覚」を養っていくのである。

3）語彙指導の方法

　語句・語彙の指導の方法には、大きく分けて「取り出し」指導と「取り立て」指導との二つがある。

　「取り出し」指導（「取り上げ」指導と呼ばれることもある）とは、読んだり書いたりする過程で、ある単語の意味や使い方などを学習する方法である。

　例えば「スーホの白い馬」（光村図書・2年）の文章に、「スーホははねおきて、かけていきました」という表現がある。このときのスーホの行動を具体的に想像するには、「はねおきる」という単語の意味を理解する必要がある。そ

こで、「はねおきる」という部分を取り出し、意味や使い方を考え合って理解を深め、再び物語の文脈の中でスーホの行動を想像させていく。単語の意味の理解を深めることが、具体的に想像しながら読むことにつながるのである。

　一方、「取り立て」指導とは、例えば、複合語なら複合語というテーマを初めから設け、複合語全般について学習する方法である。高学年で、複合語の取り立て指導を考えるとすれば、身の回りで使われている複合語を集め、品詞ごとに分類した後、何と何が重なってできたのかを考えたり、重なることで語形や音の変化が起きていないかを調べたりする活動が想定される。「複合語はこういうものだ」と説明して教えるのではなく、子供が活動を通して、その構成や変化などに気付き、複合語についての理解を深めていくのである。

❼言葉遣いと音読・朗読

　言葉遣いとは、話し言葉でいえば、普通の話し方と丁寧な話し方の違いに気付いたり使ったりすることであり、書き言葉でいえば、常体と敬体とを使い分けたりすることである。言葉遣いの違いに気付くだけでなく、場面や状況、相手によって、どう使い分けるかという判断力も必要になってくる。言葉遣いの知識だけを理解しても、この判断力が働かないと、実際に使うことができない。高学年で敬語を理解し使い慣れる学習でも、この点が大切である。

　音読・朗読は、主に「読むこと」に関する知識・技能であるが、声に出して表現するという点で、「話すこと・聞くこと」とも関連している。また、書いた文章を声に出しながら読み直してみるなど、「書くこと」の推敲とも関連している。もちろん、「読むこと」の指導において、音読を通して文章の構造や内容の大体をつかんだり、読み取って考えたり解釈したりしたことを、朗読を通して表現したりすることも大切である。音読・朗読の指導事項は、中学校では位置付けられていない。そのことに留意して、小学校の国語科の授業では、様々な場面で扱っていくことが求められる。

（中村　和弘）

引用・参考文献
今村久二・中村和弘編（2017）『語彙―言葉を広げる―』東洋館出版社

2. 情報の扱い方

1）情報の扱い方とは

　情報の扱い方について、学習指導要領は、情報と情報との関係、情報の整理という二つの内容に区分して示している。情報と情報との関係とは、順序、因果、全体一部分など、複数の情報間の関係性のことである。一方、情報の整理とは、分類、引用の仕方、辞書や事典の使い方などのことである。言い換えると、前者が情報間の関係性そのものを扱う内容であり、後者が情報操作という行為を扱う内容である。具体的には、情報の扱い方として次の表の内容が示されている。

表　情報の扱い方に関する事項

	第1学年及び第2学年	第3学年及び第4学年	第5学年及び第6学年
情報と情報との関係	ア　共通、相違、事柄の順序など情報と情報との関係について理解すること。	ア　考えとそれを支える理由や事例、全体と中心など情報と情報との関係について理解すること。	ア　原因と結果など情報と情報との関係について理解すること。
情報の整理		イ　比較や分類の仕方、必要な語句などの書き留め方、引用の仕方や出典の示し方、辞書や事典の使い方を理解し使うこと。	イ　情報と情報との関係付けの仕方、図などによる語句と語句の関係の表し方を理解し使うこと。

『小学校学習指導要領（平成29年告示）解説　国語編』より

　情報の扱い方という名称で括られたこれらの内容は、平成29年告示の学習指導要領から新しく文言として盛り込まれたが、決して新しい内容ではない。これまでの国語科教育研究においても、情報の扱い方に関する多くの検討が進められてきた。たとえば、言語論理教育（井上1989など）では、情報と情報との関係にどのような種類があるのか、また情報の効果的な整理の方法はどの

ようなものかに関する研究の蓄積がある。むしろ、何十年も前からその重要性が指摘されてきた情報の扱い方に関する内容が、やっと学習指導要領の文言のレベルで取り立てられ、盛り込まれたと考えるべきであろう。

2）情報の扱い方の指導

これまでの国語科教育では、ある知識や技能が、単調な反復学習などの、生きて働く力が身に付くとは到底言えない状況で指導されることもあった。その反省から、学習指導要領では、〔知識及び技能〕は〔思考力・判断力・表現力等〕と相互に関連し合いながら育成される必要があることが明記されている。当然、〔知識及び技能〕の一つとして位置付けられた情報の扱い方も、子供が思考・判断し表現することを通じて育成されることが目指される。

以下、情報の扱い方を〔思考力・判断力・表現力等〕との関連の中で指導するために教師が押さえるべきポイントを、3点に整理して述べる。

（1）状況の設定

例えば、自分自身または身近な人がインフルエンザにかかっている状況に置かれている人こそが、熱心にインフルエンザの治療法や周囲への感染についての情報を集め、関連付け、整理しようとする。情報の扱い方とは、真空状態で用いられるものではなく、ある状況に置かれ、情報を扱わねばならない必然性が生じたときに初めて必要とされるものなのである。

したがって、情報の扱い方の指導では、子供が情報を扱わねばならないという必然性を感じたり、自然とその情報の扱い方を活用してしまったりする状況の設定が不可欠である。たとえば、図を用いた情報の整理の仕方（高学年）を指導する場合、「来春入学してくる一年生が見てもわかりやすい校内図をつくろう」という状況を設定する。すると子供たちは、一年生が必要とする校舎内の場所はどこで、どう校内図を描けば一年生にも伝わりやすいかなどを考えることを通じて、図を用いた情報整理の仕方を学ぶことができる。

(2) 選択的・複合的な活用

　前に挙げた校内図作成の指導において、子供は、図を用いた情報の整理の仕方だけを学ぶわけではない。校内のいくつかの教室を比較・分類したり、一年生に分かりやすい言葉を調べるために辞書を用いたりすることになる。また、「ここは図ではなく言葉で表した方が伝わりやすいかもしれない」と考えるかもしれない。このように、ある状況の中で情報を扱う場合、複数の情報の扱い方の中からあるものが選ばれたり、組み合わされたりして活用されるのである。教師は、このような選択的・複合的な情報の扱い方の活用をも視野に入れる必要がある。

(3) 自覚化

　子供が、情報の扱い方について自覚化することも重要である。ここでの自覚化とは、情報の扱い方そのものを自覚化することのみならず、その有効性を実感することをも指す。すなわち、前出の校内図作成の指導でいえば、子供が情報の図式化などの情報の扱い方を知り、それが新入生という校内を知らない存在への説明において有効であることを実感することが重要である。

　なお、自覚化のためには、情報の扱い方を子供が使いやすいことばでネーミングすることも有効である。その際には、指導する内容を「学習用語」として整理する研究が役立つだろう（東京学芸大学国語教育学会他編著　2013）。

（幸坂健太郎）

引用・参考文献
井上尚美（1989）『言語論理教育入門—国語科における思考—』明治図書
東京学芸大学国語教育学会・大熊徹・片山守道・工藤哲夫編著（2013）『小学校 子どもが生きる国語科学習用語』東洋館出版社

3. 我が国の言語文化

❶伝統的な言語文化

1)「伝統的な言語文化」の目的と内容

　「伝統的な言語文化」とは、小学校低学年段階からいわゆる「古典」を系統的に学習させていくために、平成20年告示（小学校）学習指導要領（以下、「前学習指導要領」）において新設された事項である。

　その内容を、採り上げられているジャンルの面から前学習指導要領のそれと比較すると、第1学年及び第2学年において「言葉遊び」が追加された以外に加除は見られない。また、「読み聞かせ」「音読」「暗唱」といった種々の言語活動を通してそれらの内容に触れていくことが重視されていることにも変更はない。本稿冒頭において「いわゆる古典」という表現をしたが、「伝統的な言語文化」においては、まず「昔話や神話・伝承」「近代以降の文語調の文章」のように従来の「古典」教育の場（中学校や高校）においてはほとんど扱われてこなかったジャンルをもその内容として包含している。さらに「古典」の授業が、これも従来的な訓詁注釈（品詞分解）などに傾斜することなく、多様な言語活動の中で「古典」を体験し、楽しんでいくものとなることが目指されている。小学校においても学年段階が上がれば次第に短歌や俳句、あるいは平家物語、枕草子、論語などを扱うようになるが、それでも「古典」ではなく「伝統的な言語文化」という名称でその内容が規定されているのは、従来の「古典」教育に対して、内容的にも方法的にも拡張・変容が求められているからに他ならない。その方向性を、新学習指導要領も概ね踏襲しているといってよいだろう。

2）新学習指導要領における「伝統的な言語文化」の変更点・留意点

ただし「伝統的な言語文化」の位置付けについては、一点大きな変更が見られる。それは前学習指導要領においては「伝統的な言語文化と国語の特質に関する事項」として3領域「1事項」とされていたものが、新学習指導要領においては〔知識及び技能〕の「我が国の言語文化に関する事項」の内容とされたことである。新学習指導要領が「資質・能力の三つの柱」を打ち出したことに伴うこの変更は、今後「伝統的な言語文化」の授業を構想していく上においても留意するべきことを投げかけている。

例えば前学習指導要領においては「（1・2年）…読み聞かせを聞いたり、発表し合ったりすること」「（3・4年）…音読や暗唱をしたりすること」「（5・6年）…内容の大体を知り、音読すること」だったものが、新学習指導要領においては「（1・2年）…我が国の伝統的な言語文化に親しむこと」「（3・4年）…言葉の響きやリズムに親しむこと」「（5・6年）…言葉の響きやリズムに親しむこと」となっている。文末が「親しむこと」に統一されたのである。これは新学習指導要領が、種々の言語活動を通して結果的にどのような知識や技能を習得するのかという、いわば内実面をより重視するようになったことの反映といえよう。

すなわち「伝統的な言語文化」の学習指導においては、「古典」的なテクストや言語表現や活動（読み聞かせや言葉遊び）などについて、ただ活動・体験することにとどまらず、子供たちがそれらに「親しむ」ことができるようになるというところを学習や授業の目標として設定していくことが求められているのである。

3）言語活動を通して子供たちが「古典」に「親しむ」授業を

言語活動によって授業が展開されていくことはもちろん大事なことであるが、より大事なことは、その言語活動がどのような学びをもたらすことになるかというゴールを見通しながら授業を設計していくことである。言語活動が自

己目的化していくことはやはり回避したいところであるし、新学習指導要領の趣旨もそこにあると思われる。しかし「伝統的な言語文化」の授業づくりにおいては、やはり言語活動の在り方が今後も重要になってくるはずである。

　前学習指導要領において「伝統的な言語文化と国語の特質に関する事項」の内容は、必ず「『A話すこと・聞くこと』、『B書くこと』及び『C読むこと』の指導を通して、次の事項について指導する」という記述から始まる。つまり、従来はほぼ「読むこと」においてのみ扱われてきた「古典」を他領域（「話すこと・聞くこと」「書くこと」）においても扱うことを企図したのが「伝統的な言語文化」だったのである。この方針を新学習指導要領も根本的に継承している。新学習指導要領における〔知識及び技能〕とは「国語で理解したり表現したりする様々な場面の中で生きて働く『知識及び技能』として身に付けるために、思考・判断し表現することを通じて育成を図ることが求められる」ものであるとされる（文部科学省 2018）。「読むこと」だけではない多様な言語活動のかたちの模索はこれからも続くだろう。

　「伝統的な言語文化」が扱う対象は、内容面・形式面（古「文」漢「文」）ともに子供たちの日常からは離れたところにあるものも多く、学年・学校段階が上がるのに比例してその乖離の度合いは大きくなっていく。「伝統的な言語文化」としての「古典」教育が向き合っている課題の中心はそこにあり、だからこそ入門期の小学校段階ではそれらにまず「親しむ」ことが主眼となっている。そしてこの「親しむ」をもたらすのが言語活動である。「古典」とは楽しく、また身近なものであるという実感を得ていくためには、子供たちが声や身体を伴って「古典」を体験していくことが何よりの方途となるはずである。

（八木雄一郎）

引用・参考文献
文部科学省（2018）『小学校学習指導要領（平成 29 年告示）解説　国語編』東洋館出版社

❷書写

1) 書写の位置づけとねらい

　学習指導要領において、書写は〔知識及び技能〕」の「(3) 我が国の言語文化に関する事項」に位置付けられた。書写のねらいは、これまでと同様に「日常生活や他の学習活動に生きる書写力の基礎を育成すること」であるが、その「基礎」は、我が国の豊かな文字文化を理解し、継承、創造していくための基礎となるものでもある。学習指導においては、技能学習の側面だけではなく、文化的素地の育成という側面も意識して臨むことが望ましい。

　なお、情報化が加速する社会の現状を踏まえて、これからの時代に求められる書写力とは何かを問うことも常に意識しておきたい。

2) 書写の学習内容

　書写の学習内容は、レディネスの段階から技能運用の段階まで、次のような事項に概括できる。

　　ア　文字を書くときの姿勢及び筆記具の持ち方（**レディネス**）
　　イ　点画概念の理解と書き方及び筆順（**文字段階**）
　　ウ　字形の整え方・組立て方（**文字段階**）
　　エ　漢字と仮名の相対的大きさ及び書字スペースにおける文字の大きさと配列・配置（**文字群段階**）
　　オ　全体の書字速度調整（**文字群段階**）
　　カ　書式及び目的に応じた書き方（**技能運用段階**）

　学習指導要領では、アとイの事項を小学校低学年、ウとエの事項を小学校中学年、オとカの事項を小学校高学年において重点的に扱うように構成している。

　一方、昭和26年改訂版「小学校学習指導要領国語科編（試案）」における「国語能力表」のように、「名前を書く」とか「通信文を書く」などのような生活における具体的書字活動場面の形で学習内容を構成することも考えられる。

書写技能は言わば一般化された能力であり、それが具体的に活用されるのは日々の書字活動場面である。学習内容として技能的側面と活動的側面のいずれを前面に出すかはその時代の書写教育観によるところが大きいが、「日常生活や他の学習活動に生きる書写力の基礎の育成」を目指す現行の書写学習を組織する上では、次表のように技能と活動の関係を整理しておくことが必要である。

書字活動・書式	字種・字体	対象用材等	筆記具等	読み手	書きぶり	必要な書写技能
○自分の名前を書く	・平仮名 ・片仮名 ・漢字 （楷書・行書） ・ローマ字	・持ち物に ・提出物に ・通信文に	・鉛筆 ・シャープペンシル ・フェルトペン ・ボールペン ・毛筆 ・筆ペン等	・自分 ・友達 ・先生 ・親類 ・その他	・丁寧に ・正しく ・整えて	・字形を整えて書く技能 ・字間を等しくして書く技能 ・適切な文字の大きさで書く技能等
○通信文を書く 　通知状　案内状 　依頼状　照会状 　注文状　礼状 　感謝状　謝罪文 　招待状　祝い文 　年賀状　見舞状 　近況報告　等	・平仮名 ・片仮名 ・漢字 （楷書・行書） ・ローマ字	・便せんに ・封筒に ・ハガキに ・カードに	〈下書き〉 ・鉛筆 〈清　書〉 ・ボールペン ・万年筆 ・毛筆 ・筆ペン	・友達 ・先生 ・親類 ・見学先の人 ・その他	〈下書き〉 ・正しく 〈清　書〉 ・丁寧に ・正しく ・整えて ・読みやすく	・字形を整えて書く技能 ・字間を等しくして書く技能 ・行間や行の中心をそろえて書く技能 ・適切な文字の大きさで書く技能　等

3）書写教材の構成

　技能学習としての側面をベースとする硬筆・毛筆関連学習の理念のもとでは、「毛筆による基礎教材」から「硬筆による応用教材」へという構成が最も基本的な構成単位となる。この構成単位は、「硬筆教材で課題を発見し、毛筆教材で理解を深め、硬筆教材で日常に開く」という日常における硬筆書写力の育成を目指す書写学習の流れに合致するものである。

　一方、書写は国語科における「書くこと」の学習や「文字に関する事項」の学習と密接に関連した指導事項である。また、「聞くこと・話すこと」や「読むこと」とも関連している。聞きながらメモをとったり、読みながらノートに書いたりすることは日常的に行なわれるのである。国語科の他領域、他教科や

総合的な学習の時間などにおける書字活動を素材とした活動中心の教材を開発することも必要である。

4）書写の授業

　書写の授業は、書写技能を学習内容とする場合、「技能の理解を図る過程」と「技能の定着を図る過程」の二つの過程が構成単位となる。今日でも広く行なわれている「目標の把握⇒試し書き⇒基準の把握⇒練習⇒批正⇒練習⇒まとめ⇒応用・発展」の過程をたどるいわゆる基本的学習指導過程は、この二つの過程を活動単位ごとに細分化したものであるが、文字の読み書きに困難を抱えるディスレクシアや外国籍をもつニューカマーの子供も含めた多様な学習者の実態に合わせて、柔軟に授業展開できる余地を残しておくためにも、「書写技能の習得には理解と練習が必要である」という点だけを押さえておけばよい。

5）これからの書写教育に求められるもの

　インクルージョンの視点から、個々の子供に焦点を当てた書写の学習指導がこれまで以上に求められるであろう。認知・運動といった子供の能力面だけでなく、メンタル面にまで踏み込んで子供を理解し、書写の学習開発につなぐ方向性を模索する必要がある。例えば、筆記具の持ち方の改善指導では、これまで持ち方補助具の活用などの工夫が行なわれてきたが、今後は、「力が入らない」「運筆をコントロールできない」など、改善過程で子供にかかるストレスの把握と対応といった、個々の子供のメンタル部分へのアプローチが必要になると考える。特別支援教育における文字指導のように「何が理由で書けないのだろうか」という原因の究明からスタートする書写の学習指導の充実は、書写の学習者研究の充実や「一斉指導でいかに教えるか」という面が強かった書写の授業研究のスタイルの改善につながるであろう。　　　　　　　　（松本仁志）

引用・参考文献
松本仁志（2009）「5 書写・書道」『国語科教育実践・研究必携』学芸図書
松本仁志（2017）「新小学校学習指導要領における国語科書写の要点と実施に向けた課題」『書写書道教育研究』第 32 号

❸読書

1）読書とは何か

　私たちはなぜ本を読むのだろう。本を読むこととは、人々が残してきた共通財産をひもとき、世界や自分について知り、考えさせられることである。読書はたった一人の個人的な営みのようにみえても、世界につながる行為であり、また読む人が社会や文化から切り離されて存在しえない以上、社会的な営みだということができる。それを支え励ますのが、読書教育である。

2）読書指導の目標

　読書教育は、「自立した読者」の育成を目指す。では、読者として自立しているとは、具体的にどのような姿勢や力を備えていることを指すのだろう。
　一つは、読むことによって自らの内面を耕していくことができる人である。読書から得たものを自分で育て、読むこと自体の楽しみや喜び、またその価値に気が付き、自ら進んで読書生活を営んでいく態度を備えていることである。もう一つは、読書に必要な知識・技能をもっていることである。例えば必要な本を選ぶことができる、書いてあることを理解することができる、情報を理解するだけでなく本質を見極め、取捨選択し、活用することができるなど、読むための諸技能を備えていることである。この二つは別々のものではなく相互に関連している。なぜなら、読めなければ読もうとは思わず、読みたくなければ読めるようになりたいとは思わないからである。
　教師は子供が「自立した読者」になるための「足場づくり」をする媒介的な存在であり、子供が「自立した読者」となったときにはその「足場」は不要なものになる。また子供によって必要な「足場」はまちまちである。個の実態に応じた細やかな目標の設定および系統的な指導・継続的な支援を行うとともに、子供たち一人一人の読書行為に積極的に関わることが必要である。

3）平成 29 年告示小学校学習指導要領での位置付け

　学習指導要領では、国語科の学習全体と読書活動とが結び付くように、読書が〔知識及び技能〕に位置付けられた。読書の指導は、話すこと・聞くこと、書くこと、読むことの指導（言語活動）と相互に関連して行われることが意図されている。読書の力は国語科に限らず全教科で指導されるものだが、国語科はその基盤となることが求められていると言えるだろう。

　また「読書が、必要な知識や情報を得ることに役立つことに気付く」（中学年）、「読書が、自分の考えを広げることに役立つことに気付く」（高学年）とあるように、創造的な行為として読書を認識することも目指されている。

4）読書の過程ごとの学習指導

　国語教育が言語生活に根ざして行われるように読書教育は読書生活に根ざす。読書の指導は人が本を読む過程と結び付けて構想される必要がある。そこで、読む前・読むとき・読んだ後に分けて学習指導を考える。

（1）読む前の学習指導　―読書環境をつくる―

　子供と本のつながりを生み出し読書への取組を引き出すためには、読書への抵抗感をなくし、読みたい気持ちを育むことが肝要である。例えば読み聞かせ（一冊を最初から最後まで読み聞かせる）は、字を読むことが難しいあるいは億劫な子供たちに本のおもしろさや楽しさを味わわせることができる手立てである。ブックトーク（あるテーマに関する本を複数選び、つないで断片的に紹介する）は、本との出会いを促し、読みたい気持ちを刺激する手立てである。

　本が身近にあるだけでも読むことへの抵抗は下がり、読みたい気持ちは向上する。すぐ手の届く所に本があるのと、足を伸ばさなければ手に入らないのとでは、読むことに興味・関心をもつ機会の量に差が生まれるからだ。学校図書館や公共図書館、保護者の協力を得て、多くの本が手近にあるようにしたい。また読書環境とは、本があればよいのではなく読む場所や時間も必要である。

子供たちが安心し、集中して本が読める場所や時間がなければ、読みたくても読むことができないからである。どのような本を、どんなときに、またどんなところで読むことが好きか（読んでみたいか）、子供たちと一緒に考え、読書環境をみんなで整えていくとよいだろう。
　その上で選書への働き掛けも行いたい。自分が読むべきだと思える本を探し選ぶことができる力は、自立した読者を育てるために重要な指導である。背表紙や帯、装幀を眺めたり、本の中身を拾い読みしたり、著者や訳者、出版社の情報を手掛かりにしたりして、本を手に取るまでの指導も大切にしたい。

(2) 読むときの学習指導　―読書行為を深める―

　優れた読み手に育てるためには、自分がどのように読んでいるのかについて自覚させ、よりよくする手立てについて考えさせ、学ばせる必要がある。
　本には様々な読み方がある。読み飛ばしてもよい、目次を読み興味をもったところから読んでもよい、目的に合わなかったり、あまりおもしろいと思えなかったりしたら読むのをやめてもいい――目的やジャンルによって読み方を選ぶことは、じっくりと読む時間をつくるためにも大切なことである。
　じっくり読むとは、ただ時間をかけて読むことを言うのではない。しっかり理解して読むことである。読むことに没頭していると、よく理解できている気になるが、そのような読書中の思考は書かれていることに流されるままになっており、読んでいるときに心の中で起きていることを理解できているとは言えないだろう。例えば、自分やこれまでに読んできた本とのつながりを見つける、質問を考えながら読む、イメージしながら読む、自分にとって大切なところを見つける、著者の気持ちを思い浮かべるなどの読み方は、理解（心に起きたことの言語化）の助けとなる。またこうした読み方の手引きとして、付箋を貼る、書き込みをする、ノートに疑問やイメージしたこと、思い出したことや考えたことを書く、言葉を抜き出す、情報を整理するなどがあるが、これらはあくまで手引き（理解を助けるための手段）であり、付箋を貼ったり、ノートを書いたりするために読むのではない。そのことをよく意識して指導を図りたい。

没頭も含めた様々な読み方に取り組んでいく中で、子供たちは熱心な読者に育っていく。心に起きたことを強いて言語化させる必要はないが、一心に本と交わり、心と頭を働かせて読むことのありようを伝え、読書により得たことを自ら育む過程を支援することが、より深い読書行為を誘う。

(3) 読んだ後の学習指導 ―読書生活を拓き、紡ぐ―

　読書という個人的な体験・解釈を社会的な意味にひらく営みとして、ブッククラブやリテラチャー・サークルがある。いずれも話し言葉による感想の交流を通して考えを深め、読書の楽しみを感じ、読書をより充実させるための指導の工夫である。読むことの授業で習熟した力を活用する場としても有効だが、ブッククラブやリテラチャー・サークルでは本文を根拠とした考えと並んで、自らの経験（読書経験含む）を根拠とした考えをもち込むことも尊重される。それにより、本と読者たちのいとおしくかけがえのない「場」が生まれ、場を営む人と人との間に「理解」が生まれる。それは相手と同じ意見をもつことでは必ずしもなく、異なる考えをもった存在として自分の中に受け入れ、分かりあえない存在であることを認め、その出会いなしには考え及ばなかったことや感じ得なかったことを尊ぶことである。それは参加者が自分の意見を述べ合うだけではなく、自分と相手との考えの違いに気付き、尋ね合いを重ね、相手の声を求めていく過程で築かれる。話し合いに慣れないうちは役割（司会、質問する人、自分たちに関連付ける人、要約する人、図や絵で説明する人、関連することを調べる人、言葉の意味を調べる人、素敵だと思った表現や重要な表現を指摘する人など）を分担してもよい。ともに読むことは、読書生活を拓くことであり、読書生活を紡ぐことを励ましていくだろう。

（鈴木　愛理）

引用・参考文献
山元隆春編（2015）『読書教育を学ぶ人のために』世界思想社
プロジェクト・ワークショップ編著（2014）『読書家の時間』新評論
E・O・キーン著山元隆春、吉田新一郎訳（2008）（2014）『理解するってどういうこと？』新曜社

2. 思考力、判断力、表現力等を育てる授業づくり

[1. 話すこと・聞くこと]

❶ 話すこと・聞くことの指導の目標と内容

　平成29年に告示された小学校学習指導要領（以下、本節において「学習指導要領」とする）の内容構成が、〔知識及び技能〕及び〔思考力、判断力、表現力等〕に改められ、話すこと・聞くことの指導の在り方も再考を迫られることになった。この構成の変化は、話すこと・聞くことの指導が、話す活動・聞く活動・話し合う活動が統合された、より主体的な言語活動を通してなされるべきであることを示している。相手のある音声言語コミュニケーション活動において、聞いたり話したり話し合ったりしながら考え、判断し、伝える活動を営む。その過程で思考力、判断力、表現力は育っていく。

　また、「読むこと」「書くこと」領域の学習過程に「共有」過程が設定されていることも注目される。「文章に対する感想や意見を伝え合い」（書くこと領域）、「文章を読んで感じたことや考えたこと（3・4年）、まとめた意見や感想（5・6年）を共有」（読むこと領域）という活動も、聞き合い、伝え合う音声言語活動だからである。つまり、話す聞くことの指導は全ての授業で繰り広げられる聞き合い話し合う学習活動を通して行われ得るものなのである。学習指導要領にも、「『A話すこと・聞くこと』の学習は、話し手と聞き手との関わりの下で成立する学習であるため、『話すこと』、『聞くこと』、『話し合うこと』の各指導事項は相互に密接な関連がある」とされ、音声言語による一体的コミュニケーション活動としてこれらの活動を統合的に扱うことが強調されてい

る。このように、話すこと聞くことの指導は、聞き合い、筋道立てて伝え、協同的に話し合う教室の言語コミュニケーション文化を土台に醸成させ、どの学習においても機会を捉えて指導し、徐々に習熟させることが大切なのである。

　知識及び技能である話し方、聞き方の習得も、教室の学習の中で生まれた機会を捉えてその都度行われることによって「主体的に活用できる、生きて働く知識技能」となって獲得されていく効果が期待される。

　そのためには、教師が教室の聞き合い話し合う活動を通して子供に獲得される技能や知識とはなにかを、より自覚的に捉えておかなければならない。

1) 話すこと・聞くことの指導の目標

　話すこと・聞くことを指導していく上で、どのような子供の姿を目指して指導すればよいのか。それは、主体的協同的なコミュニケーション活動を営むことができ、課題を我が事として考え、判断し、伝え合うことで、お互いの考えの共有と新たな考えの形成をすることができる子供を育てることであろう。

　具体的に言えば、相手の話を受容的に聞く姿勢を育て、自分の考えを分かりやすく伝えようとする積極性と意欲を育て、小集団の中で協調的に話し合ってアイデアを創造したり、問題を追及する態度を育てるのである。

　また、それらの姿勢・意欲・態度の育成と共に、コミュニケーション活動に必要な知識や技能も獲得させていかなければならない。

2) 話すこと・聞くことの指導の内容

　相手の話を聞く技能は、メモを書く技能を高めることで習得させることができる。話のポイントをキーワードで取り出してメモし、話を聞く過程で思い付いた考えや疑問を書き出す経験を積ませることで聞く技能を高めるのである。この技能は運筆の速さの向上とも関わるため、例えば低学年では、まず連絡帳に［も］（持ってくる物）等の記号でメモする習慣を付けるとよい。

　話す技能について筋道立てて話すには次のような思考様式を獲得し、言葉によってこれらの思考を働かせながら書いたり話したりすることも必要となる。

話して伝えるための基盤となる論理的思考力の育成と併せて考えていくべきであろう。

> 主張・理由・根拠で考える／順序立てて考える／因果を捉える／比較・分類・構造化する／分析する／縦思考（具体と一般化）／推論／仮定的思考／多角的思考

 話合い活動を支える技能は、人間関係を協同的態度で結んでいく人間関係づくりのスキルでもある。具体的には、①相手を受けとめるスキル 「それいい考えだね」「なるほど」。②相手の参加を促すスキル 「〇さんはどう」「もっと説明してくれる？」「〇さんの考えを聞かせて」。③自分の考えを気持ちよく伝えるスキル 「ぼくから言っていい？」「〇だけどどうですか」。④クッション言葉を使うスキル 「確かに…だけど…」「こうも言えない？」

 これらの具体的な言葉や態度（うなずき、首かしげ、笑顔等）を話合いを協同的・建設的に進めるスキルとして獲得させたい。

 また、問題追究型話合いの場合、話合いを進めるスキルとしては次のようなものが挙げられる。

 ①話題や目的を念頭に置いて、それないように気をつけるスキル「○○について話し合うんだよね」。②手順をメンバーで確認・共有するスキル「まずこれについて話して、次に…」「これを考えるためにまず確かめておくことを挙げてみようか」。③論点整理をするスキル「わかったことをあげてみると」「似ているところをまとめると」「この考え方のいいところと問題点は」。④自分の考えを整理したり、話合いの中で出された考えを可視化し、分類したりするのに役立つ思考ツールを用いるスキル（マトリックス、ベン図等）。

3）どのような言語活動を通して育てるのか

 言語能力は、言語活動を通して育まれる。学習指導要領ではどのような言語活動が挙げられているのだろうか。学習指導要領には「説明」「提案」などの

機能的な分類が示されている。以下のようなものである。

　第1・2学年　ア　紹介や説明、報告など伝えたいことを話したり、それらを聞いて声に出して確かめたり感想を述べたりする活動。イ　尋ねたり応答したりするなどして、少人数で話し合う活動。／第3・4学年　ア　説明や報告など調べたことを話したり、それらを聞いたりする活動。イ　質問するなどして情報を集めたり、それらを発表したりする活動。ウ　互いの考えを伝えるなどして、グループや学級全体で話し合う活動。／第5・6学年　ア　意見や提案など自分の考えを話したり、それらを聞いたりする活動。　イ　インタビューなどをして必要な情報を集めたり、それらを発表したりする活動。　ウ　それぞれの立場から考えを伝えるなどして話し合う活動。

　これらの言語活動は、どれも学ぶ必然性のある学習として仕組まれてこそ地に足のついたものとなり、肌身についた能力となって獲得される効果が期待できる。教師は子供の主体性を喚起し、目的を明確にもって計画的に進め、活動のふり返りと次の活動への見通しを立てて自律的協同的に進んでいく国語学習を構想していかなければならない。やりがいがある学習、学ぶ必然性のある機会を通した知識及び技能の指導であってこそ生活の中で生きる国語学力獲得につながるからである。そしてそのような学習の中に、説明・紹介・報告・提案・発表・インタビュー等の言語活動を織り込んでいくのである。

　話し言葉の教材や能動的に聞く姿勢を育てる機会は、日々の教室の中にある。とりわけ教師の話す言葉、子供の言葉を受容的に聞くふるまい、切れ味よく明解に話合いを整理し導く示範的言動は、格好の教材となる。豊かな言葉を提供し、受容的態度で聞く教師の姿を見せることこそ話す聞く指導の内容を具現化したものであり、また指導の方法だといえよう。

（山元悦子）

引用・参考文献
森田信義・千々岩弘一・山元隆春・山元悦子編（2010）『新訂国語科教育学の基礎』第6章「音声言語教育の研究」、渓水社
植山俊宏・山元悦子（2017）『シリーズ授業づくり　話す・聞く－伝え合うコミュニケーション力－』日本国語教育学会編、東洋館出版社

❷話すこと・聞くことの形態と指導方法

1）スピーチ

　スピーチとは、話し手が複数の聞き手に対してまとまった話をする言語活動である。話し手と聞き手の立場は固定されることが基本となる。国語科のみならず、他教科等での学習場面や社会生活など様々な場面で活用される。スピーチと、報告や意見、プレゼンテーション等を分ける場合もあるが、本稿ではそれらをスピーチに含むものとして考える。一方で、いわゆる自由な場でのおしゃべりとは区別されるべきであり、公共の場において話す力を育てることが目指されている。

　国語科におけるスピーチの指導が全国的に始まった契機は、明治33年の「改正小学校令」で国語科の一分野として「話シ方」が設定されたことであるとされる（増田 1994）。「聴方」が大正期、「談話」「話し合い」が昭和期から指導されるようになったことに比べると、音声言語の中では最も早く必要性が自覚されたといえる。しかし、増田（1994）は、話すことの指導が読解指導の付随として扱われたり、方言矯正に終始したりといった状況も多く見られ、昭和期までは指導法の積み上げが十分に行われてきたとはいえないことを指摘する。実際にスピーチ指導が全国的に充実していったのは、平成元年版の学習指導要領が「音声言語の重視」を明示したことが一番の要因であるといえよう。

　スピーチでは、「内容・目的」「人数」「相手」に応じて話材や話し方を変えることが大切である（山田 2007）。そのため、小学校でのスピーチも、友達に宝物を紹介する、調べたことについてポスターを用いて発表する、資料を用いながら改善案を提案する、お世話になった人に感謝の気持ちを伝える、等といった様々な種類が扱われている。また、「内容・目的」によっては、求められる思考力や表現力が異なってくる。例えば、自分の意見を主張する場合には、理由や根拠を明確にした論理的な話し方が重要になる。一方で、共感による納得を促す場合には、体験談やエピソードに重点がおかれる。小学校高学年

段階では、「内容・目的」によって、どちらの話し方をするか、あるいは混合させるかを子供自身が考えられるようにしたい。音声だけでは伝えることが難しい内容であれば、図表などの資料を提示しながら話すことが有効になるであろう。さらに、「人数」や状況によって声の大きさを調整する必要が出てくるし、「相手」との関係によって言葉遣いや説明の詳しさ、声の速度等も判断することが大切である。このように、効果的なスピーチをするためには思考・判断すべきことや、身に付けておきたいスキルがいくつもある。しかし、国語科でスピーチの学習に充てられる時数は限られているため、他教科等での活用場面との連携を図りながら、国語科で指導すべきことを明確にし、確実に積み上げていくことが重要である。

(1) 音声言語の特質に関する指導

　スピーチは、文字言語で書かれた文章を声に出して読むことと同じではない。また、共通語での話し方をトレーニングすることを主目的とした学習でもない。音声言語の特質への理解を深めつつ、よりよい音声表現に向けて思考・判断できるようにすることが望ましい。

　小学校段階では、スピーチをする際に気を付けるべきこととして、①相手を見る、②速さ、③声の大きさ、④抑揚、⑤強弱、⑥間の取り方、等について指導していく。これらは、上述したように相手や場といった条件に応じて適切な方法や程度が決まっていくものであるから、子供たち自身に条件と表現方法を結び付けて考える場面を設けるようにしたい。特に、⑥間の取り方は、多くの子供たちが苦手とする傾向がある。適切な間を取ったスピーチとそうでないものを聞き比べさせる等して、間を取ることで話の構成が聞き取りやすいことを実感させるとよいであろう。表情や姿勢等のノンバーバル情報の影響の大きさにも気付かせたい。

　また、音声言語には一回性や線状性といった特質があり、聞き手は読む時のように戻って確かめることはできない。そのため、話し手は一度で理解しやすくするための工夫をする必要がある。例えば、主張や伝えたいことを先に述べると

いった頭括型の構成で話す、一文を短くする、事実の文と意見の文を別にする、ナンバリング等を用いて話の流れが分かりやすくする、等のことが挙げられる。

（2）発達に応じた指導

　平成29年告示学習指導要領では、これまで以上に他領域や中学校での指導との関連や系統性を明確にして指導事項が設定された。低学年では、実体験に基づいて具体的に考えさせることが大切なので「身近なこと」「行動したこと」「経験したこと」について「順序」を考えて話すことに重点が置かれる。中学年では、「比較」「分類」といった思考操作を伴いながら情報の取捨選択が始められる。「話の中心」を明確にし、「理由や事例」を入れることで、聞き手に納得してもらうような話し方が目指される。高学年では、「目的や意図に応じて」内容を検討することが求められており、その話材を取り上げる理由について、子供たちが考えをもてるようにしたい。「分類」「関係付け」といった思考を伴った情報の整理や、「事実と感想、意見とを区別」や「資料を活用」して自分の思いや主張を的確に伝えることが目指される。

　具体的な言語活動としては、低学年では絵や実物を見せながら話す「ショー＆テル」が有効である。絵や実物が聞き手の理解を支えるとともに、質問も出やすいため楽しく取り組むことができる。高学年では、簡易なプレゼンテーションに取り組ませたい。問題状況に共感してもらうために写真を見せたり、自分の意見を支える根拠としての図表やグラフを提示したりと、どのようなものを何の目的で示すのかを検討する場面を設けることが大切である。

（3）基本的な学習指導過程

　高橋（1999）は、全国的な実践を帰納的に整理し、「話すことの基本的指導過程」を提示している。学習指導要領と並置して示すと次の表のようになる。

　高橋（1999）の「基本的指導過程」は、単元全体を示しているため「①意欲の喚起と方法の理解」や「⑦評価」も明示されているが、②から⑥までの展開は学習指導要領の学習過程と同様である。実際の授業では、これらを常に単

表 高橋（1999）の「基本的指導過程」と学習指導要領の学習過程の比較

高橋（1999）の「基本的指導過程」	学習指導要領
①意欲の喚起と方法の理解	
②話題の決定	ア「話題の設定」 「情報の収集」「内容の検討」
③情報の収集と選択、提示物の準備	
④話の組み立てと修辞の検討	イ「構成の検討」「考えの形成」
⑤グループごとの発表と検討	ウ「表現」「共有」
⑥クラス全体での発表	
⑦評価（自己評価・相互評価・教師による評価）	

線的に扱うのではなく、例えば、他グループからのコメント（⑤、ウ）を生かして新たな情報を加える（③、ア）とか、話の組み立てを見直す（④、イ）といった指導過程に柔軟性をもたせるようにしたい。④と⑤の間に個人やペアでの練習を入れ、必要に応じてメモを加筆・修正することも重要である。また、どの子も進んで発表できるようにするためには、相互評価を出来ているか否かの審査ではなく、互いの工夫やよかったところを認め合うことを目的としたい。ICT機器を活用することで、具体的な相互評価が可能となり、話し手の課題意識を高める上で有効であるといえる。自分の目標と照らし合わせながら、肯定的な自己評価を促すことで、次への意欲につながると考えられる。

（北川　雅浩）

引用・参考文献
高橋俊三（1999）「話すことの基本的指導過程」高橋俊三編『音声言語指導大事典』明治図書出版
増田信一（1994）『音声言語教育実践史研究』　学芸図書
山田敏弘（2007）『国語教師が知っておきたい日本語音声・音声言語』くろしお出版

2）対話

(1) 対話教育の基礎理論
　①「対話による教育」と「対話能力の教育」
　学習指導要領では、「主体的・対話的で深い学び」の実現が図られている。このように「対話」という概念は、教育課程全体を貫く教育方法となっている。「対話による教育（教育方法としての対話）」と呼ぶこともできる。その一方で国語科では、対話の能力自体の育成を図ること、つまり教育目標として対話を捉える必要もある。「対話能力の教育（教育目標としての対話）」という位相が浮かび上がる。

　「対話による教育」と「対話能力の教育」は相補的に関連しながら学習指導が行われる。

　②形態としての「対話」と機能としての「対話」
　対話は、その言語活動形態から見ると、双方向的な言語活動が繰り広げられる「1対1」のかたちを取る。一人対一人、つまり二人でなされる言語活動である。しかし厳密に「二人」と規定するのではなく、複数人で双方向的な言語活動が繰り広げられる形態を「対話」と呼ぶことも多い。

　国語教育論史上は、西尾実が「形態」として国語科に導入した「対話」であるが、その後、倉澤栄吉等によって、「対話」は「機能」として捉え直されるようになる。「対話」には、複数人の協同による思索によって、新しい見解に到達できる、そうした「機能」があることが強調され、注目されるようになった。

　③未完成体としての人間観
　「対話」を論じる際の根本的前提として、個々の人間の知恵は未完成であるという思想が横たわっている。未完成であるがために、相互に意見を交流することで、より完成度の高い新たな知恵や見解を得られることになる。こうした「未完成体としての人間観」は、教育の本質と親和性の高い人間観である。教育基本法第一条（教育の目的）では「教育は、人格の完成を目指し」と謳われている。未完成な個体であるがために、教育が必要となり、教育が施される。

そしてよりよい個体に向上する有力な方法として「対話」が位置付けられるのである。

(2) 『小学校学習指導要領（平成29年告示）解説　国語編』における「対話」

　学習指導要領における〔思考力・判断力・表現力等〕中の「Ａ　話すこと・聞くこと」の（1）の「ウ」と「エ」と「オ」のあたりを、本稿では広義の対話の対象範囲として措定しておく。理由は、『解説』の中で、この３項目については、「共有」という語が使われたうえで命名がなされているからである。「対話」の基本性格として、話題の「共有」が不可欠だと考えるからである。

　①表現、共有（話すこと）

　「Ａ　話すこと・聞くこと」の（1）の「ウ」に該当する。基本的にはスピーチ場面等が想定されている。しかし、そこでも聞き手との情報の「共有」が目されている。後から聞き手の反応が想定される。広義の「対話」となる。

　低学年には、「伝えたい事柄に応じて」「相手に応じて」「声の大きさや速さなどを工夫する」とされている。まず、伝えたい事柄を日常生活の中から見つける必要がある。その事柄はクラスの仲間と共有するべき価値のある内容が理想である。

　中学年では、「話の中心」と「話す場面」を意識化することが求められている。「話の中心」は何なのか、という「話」の構造化が必要となる。「話す場面」としては、クラスでのスピーチなので、家庭におけるお話よりも、よりフォーマルな文体を身に付けることとなる。

　高学年では、「資料を活用する」などした上で「表現を工夫する」ことが求められている。「資料」といった客観的かつ視覚的にも訴求性の高い情報を用意する能力が目されている。「表現を工夫する」に当たっては、スピーチ場面を、より精緻に理解して、効果的にスピーチを展開する必要がある。

　②構造と内容の把握、精査・解釈、考えの形成、共有（聞くこと）

　「Ａ　話すこと・聞くこと」の（1）の「エ」に該当する。基本的には「聞くこと」の場面が想定されている。ここでも話し手と聞き手の間で情報の「共

有」がなされていることから、広義の「対話」と解される。

低学年では「話の内容を捉えて感想をもつこと」が求められている。「感想」をもつには、話題に関する積極的な解釈が必要となる。低学年から能動的な学習態度が必要とされている。

中学年では、聞いた内容に対して「自分の考えをもつこと」が中心となる。「自分の考えをもつ」という極めて能動的な意識と自覚が求められている。「聞くこと」の活動における能動性の強化が、本学習指導要領の特徴として浮かび上がってくる。

高学年では、「話し手の考えと比較しながら、自分の考えをまとめること」とされている。聞いた情報と自らの既有情報とを総合して、より高度な見解を更新することになる。「対話」の本質的性格が高学年において活用されることになる。

③話合いの進め方の検討、考えの形成、共有（話し合うこと）

「A　話すこと・聞くこと」の（1）の「オ」に該当する。基本的には「話し合うこと」の場面が想定されている。

低学年では、「互いの話に関心をもつこと」と、「相手の発言を受けて話をつなぐこと」が提示されている。「互いの話に関心をもつ」のは、「対話」成立の基本態度である。その地ならしとして、クラス内の人間関係の円滑化が必要条件となる。

中学年では、「互いの意見の共通点や相違点に着目して、考えをまとめること」が挙げられている。「対話」は、「正」「反」「合」の弁証法を基本とする。中学年から、こうした弁証法的思考による対話の基礎訓練が始められる。

高学年では、「互いの立場や意図を明確に」することや、「考えを広げたりまとめたりすること」が示されている。ある意見に対しては、多くの場合、反対の立場の意見が存在する。そうした対立をどのように調整するかといった、高度な対話能力が求められている。「考えを広げたりまとめたりすること」というのは、換言するならば認識の拡大・深化である。言語活動による個人の認識の変容も、「対話」の肝要とするところである。

(3) 対話の指導方法

　対話の指導方法のうち、「文字化」という方法に絞って論じていく。

　音声言語の指導における「文字化」の有効性については、長田（2016）ならびに香月・上山（2018）に詳しく論じられている。

　一例を挙げる。話合い（対話）をICレコーダーに録音して、文字起こしをするのである。ICレコーダーが安価になったことで、文字化資料が容易に作成できるようになった。以下、香月・上山（2018）に則って説明する。

　文字起こしによって文字化された話合い（対話）の文章を検討する。その結果、「わけ」の文が多い話合い（対話）の文章は、分かりやすく長く続く傾向が認められた。その一方で、「はんのう」の文が多い話合い（対話）の文章は、話しやすく、最後まで楽しそうな談話として認められた。このように、文字化することによって、話合い（対話）活動を客観的に分析できるようになる。

　また、文字化することによって、話合いのこつと発言例の抽出にも成功している。例えば、「〈聞き返し〉（＝質問）：「なんで？」」、「〈確かめ〉（＝確認）：「どういうこと？」」、「〈反論〉：「でも、…。」」、「〈アイデア〉（＝提案）：「じゃあ、…。」」、「〈理由の説明〉（＝理由づけ）：「だって、…。」」、「〈もどし〉（＝逸脱の修正）：「元に戻そうよ。」」といったキーワードを見つけ出すことができる。

（安　直哉）

引用・参考文献
長田友紀（2016）『国語教育における話し合い指導の研究』風間書房
文部科学省（2018）『小学校学習指導要領（平成29年告示）解説　国語編』東洋館出版社
長崎伸仁監修、香月正登・上山伸幸編著、国語教育探究の会著（2018）『対話力がぐんぐん伸びる！　文字化資料・振り返り活動でつくる小学校国語科「話し合い」の授業』明治図書

3）話合い・討論

　平成20年告示の学習指導要領において「言語活動の充実」が示されたことから、国語科のみならず、他教科において、あるいは、教科外の学習活動全般において話合いをとり入れた単元や学習活動が構想・実践されてきた。つまり現在は、国語科以外の教科、学習活動においてもその機会が保障されていると考えることができる。しかし、言葉を扱う教科としての国語科では、話合いについての学びを意図的、系統的に創出しなければならない。この点について、平成29年告示の学習指導要領では「話すこと・聞くこと」の指導事項として「話合いの進め方の検討」が新たに示されており、話合いの方法を教育内容・指導事項とすることが強調されていると言える。国語科では、話合いが学習方法であり、教材でもあり、何より教育目標・教育内容であることを意識して、その学びがデザインされなければならない。

(1)「話合い」という言語活動の意義の理解

　話合いは、日常の会話と異なり、その成員間で話題や課題、目的が共有される言語活動である。小学校教育段階においては、話合いがどのような言語活動なのか、どんな役割や機能を果たす活動なのか、その方法に習熟しながら、その意義や役割の体験的な理解も図られなければならない。つまり、話題を共有して話すことの楽しさや、多様な視点で様々な考えを出し合い課題を解決していくこと、そしてそれを通した人間関係の形成の価値について実感を伴う学習活動が求められる。そのためには、言語コミュニケーションについての発達的な視点とそれに基づく系統的な見通しが不可欠である。

(2) 話合いの指導事項と視点

　まず、低学年では、「互いの話に関心をもち、相手の発言を受けて話をつなぐ」という指導事項が設定されている。話合いは、他者との間で話題が共有され、互いの話す内容に互いが触発されながら進むものである。質問したり、共

感したり、感想を述べたりしながら話をつないでいく姿が目標とされている。

中学年では、「目的や進め方を確認し」「互いの意見の共通点や相違点に着目して、考えをまとめること」が指導事項として示されている。何のために話し合うのか、そのためにどのような話合い方をするのかを確認できるようになることが求められているのである。具体的には、話題に沿って話を広げて意見を出し合う（累積、拡散）、その上で、意見をまとめていく（整理、収束）など目的や進め方も意識しながら話合いを進めることが求められる。また、その過程において、他者と自分の意見や考えの共通点や相違点に触れながら話合いを進めることも必要な力である。目的や話題に沿った話合いを進行したり、共通点や相違点を整理・確認したりする力は、「司会などの役割」として中学年の指導事項に示されている。

高学年では、中学年までの学びを踏まえて「互いの立場や意図を明確にし」「計画的に話し合い」「考えを広げたりまとめたりすること」が指導事項となる。中学年と同様、話合いの目的を確認した上で、さらに互いの立場や状況を明らかにしながら話合いが進められるようになることが目指されている。また、考えを広げるのか、まとめるのかといった目的や進め方に加えて、時間配分なども考慮しながら計画的な話合いができるようになることも求められている。目的や状況に合わせた話合いとして、ディベートやパネルディスカッション、シンポジウムなどの形態を選ぶことができるようになることも必要である。

学習指導要領に示される以上のような系統性は、子供の言語コミュニケーションの発達論的視点に立つものである。相手の話に影響を受けながら話そうとする低学年、他者との相違点にも目が向けられるようになる中学年、さらにその違いに注目しながら互いの立場の違いを意識できる高学年というように、それぞれの発達段階における言語コミュニケーションの特徴を踏まえて、それを利用したり、そこに働き掛けたりして話合いの方法への習熟を促すことが必要である。

学習指導要領に示されている指導事項を概観すると、低学年で「相手意識」

を、中学年で「相手意識」と「目的意識」を、高学年でさらに「場面意識」を加えた話合いができるようになるための指導事項が示されている。このような話合いを進めることができるようになるためには、自分たちの話合いがどのように進められているか、目的や状況に沿った話合いになっているかをモニタリングして調整する、「メタ認知」の力も必要である。「メタ認知」は、指導事項としてのみならず話合いの指導法や教材について考える際にも重要な視点である。

(3) 話合いの指導法と教材

　動的な言語コミュニケーションである話合いの方法やそのコツは、話合いの中で発見されたり、身に付けられたりする。この意味で、話合いは、教育目標・内容であり、教育方法（学習活動）であり、教材そのものであると言える。国語科ではこの学びをその偶発性に頼らず、学習方法や教材の工夫によって保障しなければならない。

　例えば、話合いのコツについて、話合いの前に、文字化した資料や動画によって示すことができる。示し方も、話合いがうまくいく「よいモデル」を「型」として示したり、うまくいかない「悪いモデル」を示し、なぜうまくいかないのかを考えることから話合いのコツを探すように進めたりすることができる。

　文字や動画による学習は、話合いの後でも有効な方法である。自分たちの話合いを音声の録音とその文字化、動画の撮影と視聴によって振り返り、話合いがうまく進められたか、自己あるいは相互に評価するとともに、なぜうまくいったか／いかなかったのかについて子供たち同士で、あるいは教師も含めて評価、考察・検討しながら話合いの方法について学ぶことができる。

　その場で消えてしまう、保存性の低い、話し言葉についての学びにおいて、モデルや自分たちの言葉、その使い方を可視化することが有効である。文字化や動画を用いない方法としては、話合いの様子を話合いに参加していない他の子供が観察して気付きを述べる「フィッシュボウル（金魚鉢）方式」なども用

いられてきたが、いずれにしても、何もしなければ見えてこない自分たちの言葉や言語活動を教具や学習活動を工夫して相対化することで「教材化」し、メタ認知を働かせて学習を確かなものにしていくことが話合いの学習において重要な点である。

　近年、教育現場で推奨されるICTを活用した学習活動は、話合い活動における教材開発を大きく進める動きであると言える。各教室への画像・動画提示装置の普及やタブレットなどの機器を用いた動画撮影の簡便性の向上は、保存性の低さという特徴をもつ音声言語を保存、提示することを容易にし、子供による教材の開発すら可能にしている。子供による教材開発はその営み自体が学習活動にもなりうる。話合いにおける指導事項を意識した教材開発と学習活動の工夫こそが、国語科における話合い学習の要件であると言える。

(4)「主体的・対話的で深い学び」を担う学習活動として

　話合いは「対話的」であり、「深い学び」のための言語活動、あるいは「深い学び」そのものであると言えるが、その学習活動の効果を最大限に引き出すもの、その学びの定着を促すものは子供の「主体性」である。つまり、話合いの楽しさや意義、役割の実感に支えられた「話し合いたい」という思い、「話し合おう」とする姿勢である。そのために教師は、話合いのテーマや課題について広い視点で多様なものを検討しなければならない。例えば、主に「読むこと」の教材として用いられている国語の教科書の文章に示される社会科学・自然科学の内容や他教科、他の学習・学級活動における話題や課題などである。学校内外を通じて子供の日常生活に基づく「話合いたい」テーマを見付け出して提示し、話合いの力を付けながら、その楽しさや意義を実感できるような実践が求められる。

　　　　　　　　　　　　　　　　　　　　　　　　　　（谷口直隆）

引用・参考文献
長田友紀（2016）『国語教育における話し合い指導の研究』風間書房
山元悦子（2016）『発達モデルに依拠した言語コミュニケーション能力育成のための実践開発と評価』渓水社
若木常佳（2011）『話す・聞く能力育成に関する国語科学習指導の研究』風間書房

2. 書くこと

❶書くことの指導の目標と内容

1）書くこと領域の構成

　書くことの指導事項は〔思考力・判断力・表現力等〕に位置付けられ、〔知識及び技能〕を活用しながら、思考して書くことが求められている。書くことの領域の構成は表1のように学習指導要領に定められている。

表1　「B書くこと」領域の構成

	学習過程	(1)指導事項			(2)言語活動例		
		第1学年及び第2学年	第3学年及び第4学年	第5学年及び第6学年	第1学年及び第2学年	第3学年及び第4学年	第5学年及び第6学年
書くこと	題材の設定	ア	ア	ア	ア　イ　ウ（説明的な文章を書く活動）（文学的な文章を書く活動）（文学的な文章を書く活動）	ア　イ　ウ（説明的な文章を書く活動）（実用的な文章を書く活動）（文学的な文章を書く活動）	ア　イ、ウ（説明的な文章を書く活動）（文学的な文章を書く活動）
	情報の収集						
	内容の検討						
	構成の検討	イ	イ	イ			
	考えの形成	ウ	ウ	ウ, エ			
	記述						
	推敲	エ	エ	オ			
	共有	オ	オ	カ			

（『小学校学習指導要領（平成29年告示）解説　国語編』より）

　つまり、言語活動の中で、学習過程に対応して指導事項が位置付けられていると見ることができよう。

　ここで注意したいのはその指導事項を言語活動を通して指導するという観点である。本来書くという行為は茂呂（1988）が指摘するように相手や目的があり、それに合わせて思考して書くことである。どうしても教師が課題を出

し、子供が目的をもたずに書き、それを教師が評価するという学習になりがちであるが、それでは子供に思考力・判断力・表現力等は身に付かないと考える。相手や目的に応じてどうやって書くのが適切かを子供自身が考えて書くことで、思考力・判断力・表現力等が育成されるのである。

2) 書くことの指導事項について

前にも論じたように「書くこと」の指導事項は学習過程と結び付けて設定されている。それを学習過程ごとに整理すると以下のようになる。

(1) 題材の設定、情報の収集、内容の検討

書くために必要なことを集め、伝えたいことを明確にする指導事項である。中学年では相手や目的を意識し、高学年では目的や意図に応じて選ぶという思考をすることが求められている。例えば6年生が学校のことを紹介するリーフレットを書く際に、地域の人に書く際は地域と関連する行事を優先して書くであろうし、1年生の保護者向けに書く際には安全な通学路を優先して書くであろう。教師が提示するというよりは、子供自身が他者を意識して相手が何を知りたいのかを考えながら、何を書くか考えることが重要であろう。

(2) 構成の検討

伝えたいことがよく伝わるように構成を考える指導事項である。低学年は順序、中学年は段落相互の関係、高学年は文章全体の構成を考えることが求められている。例えば低学年は「はじめに」「つぎに」と接続詞を使って文ごとの順序を考え、中学年では文がまとまった段落に注目し、実験方法が書かれた段落と結果が書かれた段落で段落同士がどうつながっているかを考え、高学年では頭括型、尾括型、双括型など文章全体を見通して構成を考える、というように段階的に指導する。ここでも重要なのは型は教えるにしても、万能型などなく、相手や目的、意図に応じてどれが適切か子供が考えることである。

(3) 考えの形成、記述

　自分の考えを明確にし、それを工夫しながら文章に書いていく指導事項である。低学年では語と語、文と文のつながり方、中学年では考えと理由、事例の関係、高学年では目的や意図に応じた詳述と略述を使い分けたり、事実と感想、意見を区別して書いたり、図表やグラフ、引用を用いて書いたりすることが求められている。ここで重要なのはこれを技術の習得とのみ捉えるのではなく、思考の学習として捉えることである。ヴィゴツキー（1956）も、文法の構造や形式の習得が論理構造や操作の習得に先行すると論じている。例えば引用を「　」を使って正確に書き抜くという技術のみを指導しても引用はできない。引用をするには、まず知りたい情報を明確にし、それを図書館等で検索し、その情報を摘読した上で、特に関係のありそうなところを精読する。そして、「○○によると『××』と書かれている」のように、自分の言葉と他者の言葉を区別して文章化するというプロセスを踏む。つまり言語技術の背後には思考があり、その思考も含めて指導していくことが重要であろう。

(4) 推敲

　書かれた文章を読み返して、構成や書き表し方をよりよく工夫する指導事項である。低学年では文章を読み返す習慣や間違いを正す、中学年では間違いを正すだけではなく、相手や目的を意識した表現になっているかを確かめる、高学年では文章全体の構成や書き表し方を確かめることが求められる。ここで気を付けたいのは中学年、高学年でも文章を正しくすることのみに注目してしまう子供が多いことである。そのため、文章を正しくするための推敲と、相手や目的に合わせて構成や書き表し方を工夫する推敲というように、目的や意図に応じて推敲することが重要であろう。

(5) 共有

　文章を読んで、感想や意見を伝え合い、自分の文章のよいところを見付ける指導事項である。平成20年告示の学習指導要領では助言し合うことが中心で

あったが、よいところを見つけるというように改定されている。これは作文を嫌いになってしまわないよう、配慮がなされていると考えることもできるだろう。低学年では感想を伝え合い、中学年では書こうとしたことが明確に伝わるかどうか、高学年では文章全体の構成や書き表し方に着目して自分の文章のよいところを見付けることが求められている。

3）現代的な「書くこと」の指導

(1) ICTを用いた「書く」

コンピュータで文章を書くようになった人が増えてきており、子供にもICTを用いて文章を書くように指導するような実践、研究が出てくるようになった。ワープロソフトを用いると、文字の正しさにエネルギーをとられなかったり、直しやすかったりするので、推敲が活発になったり、思考に集中できたりする可能性を示唆した研究もある（細川 2012）。子供にICTを用いて書く力を身に付けさせることも今後求められていくと考える。

(2) 協働で「書く」

文章は一人で黙々と書くものであり、友達と協力し合うと独力で書く力がなくなってしまうという考える教員もいる。しかし大人が実際に文章を書く際には、様々な人にアドバイスをもらったり、読んでもらって直してもらったりすることが多い。グループ交流の談話と子供の文章の分析を行った研究もある（小林 2016）。自立した書き手を育てる方向性だけではなく、様々な人から意見をもらって作り上げる協働的な行為として書く行為を捉え、協働して書く能力も身に付けていくことが重要であろう。

（細川太輔）

引用・参考文献
茂呂雄二（1988）『なぜ人は書くのか』東京大学出版会
ヴィゴツキー（1956）柴田義松訳（2001）『思考と言語』新読書社
細川太輔（2012）「コンピュータを使って書く」『教材学研究』23巻
小林一貴（2016）「書くことの学習の対話的構築と声の方略」『国語科教育』80巻

❷ジャンルに応じた書くことの指導

1) ジャンルの源「書く力」の本質―構想力・主体性

「書く力」の本質は、「構想力」にある。日本の作文指導の伝統は、方法の紆余曲折・強弱の違いはあってもこの「構想力」の重要性が直観的に把握されてきており、「生活綴り方」「文章構成法」いずれにも共通している。一方、「ジャンル・文種の書き分け」は明治期から小学校高学年に課されてきた課題であり、指導の現場では、「ジャンル」を外から捉えることと内から捉えることとの二つの方向が常に共存してきた。ジャンルを「構想力」の展開として見る作文観は「内から」のジャンル把握の特徴である。一方、予め「型」や「テンプレート」を与えて書かせる指導は「外から」の訓練である。後者はジャンルの特性の「理解」に効果ある方法であるが、これのみでは子供の「ジャンルに働く構想力」を育てることが難しい。「型」は子供の発想を助ける機能もあるが、一方、「子供の構想力の成長」を教師がジャンル形成の現場捉えることを困難にする。

2)「書く力」の発達と「ジャンル」の生成の関係

(1)「主体性」育成の出発点―書くことへの興味と身体的技能

小学校入学時の1年生の子供は、「文字を覚え」「文を書く」ことに、強い興味をもっている。入学時に「字が書ける」子供もいるが、就学前は身体が未熟なため正しい技能の習得や定着が難しく、姿勢や鉛筆の持ち方は定まっていない。教師は入学時の子供の「書ける」という自信と意欲に配慮しながら、必要な指導を注意深く行わねばならない。児童期の身体技能の成熟、とくに手指の器用さは脳機能の成長に直結するとも言われ、成長後のキーボード入力での正しい姿勢や手指の動きの柔軟さにもつながっていく。

(2) 書く力の「発達のすじみち」と「ジャンル」の生成

　入門期は、「文字への興味」を原動力として学習が進む。「文字」は学習の最初の難所でもある。視写・聴写を積極的に行って文字が書けるようにし、「頭に浮かぶことはすべて書く値打ちがあると思っている」(芦田恵之助)低学年の子供の意欲を伸ばしたい。教科書では子供の興味を引く題材・ジャンルを用意し「構成・内容」の整った作文を作りやすい単元が用意されている。しかし、低学年での「題材」は書く材料を「見付ける」ための手段であり、材料の収集・選択・構成は低学年の書く学習の目標ではない。低学年児の「構想力」の本質的課題は「始める」と「終わる」にあり、「なか」は「続ける」ことにある。体験の充実によって「なか」が豊かになり、「書くことは楽しい」と思わせることが、主体性を育てる。

　2年生後半から3年生にかけて「書き慣れ」が起こると「手で書く速さ」が頭の動きに追い付かず文字が乱暴になる傾向が生じる。これは「構想力」成長の一過程である。教科書で「速度を上げて書く」ことを強調しないので教師の裁量で自由に書く場をたくさん用意する必要がある。一方、中学年は読むものと書くものとの質的差が拡大する時期であり、多彩なジャンルの面白い文章を数多く読む経験が「書くこと」にとって重要である。読みが貧しいと「書くことにおける9歳の変化」も起こりにくい。変化の時期・質は子供によって差異が大きく、教師の丁寧なケアが必要である。

　4年生(9歳)の変化には大きく二つの要素がある。一つは「テーマ」と「構想」の統合化、二つめが「ジャンル意識」の出現である。この二つは密接に関係していて、この二つの変化が「体験文」の中に現れるのが「9歳の変化」である。変化の兆しは「体験文」の中に、説明・描写・意見・仮説・因果の論理・空想等が部分的に現れてくることでも捉えられる。教科書に用意された「文種」の書き分け学習が、この変化に重なることが望ましい。文種(ジャンル)への興味を見すまして、「文種を書き分ける技能」の指導を行うことが効果を上げる。「9歳前後の認知的変化」が「目的に応じた文種の書き分け」学習の土台であり、指導の要点を下記4点に総括できる。

> ①子どものジャンル作文への興味を引き出し、主体的学習に結び付ける。
> ②子どもが「思うまま自由に書ける場」を継続的・計画的に設ける。
> ③「9歳の変化」を「楽しみに待ち構える」姿勢を教師がもつ。
> ④様々な種類の文章(物語、意見文、新聞、雑誌、宣伝、標語、観光パンフ、取扱説明書)等の実例を読ませて刺激する。

3)「文種(ジャンル)」に応じた作文指導

(1) ジャンルの系列―事実と分かりやすさ

文種(ジャンル)には、下記四つの系列がある。

> A.「できごと」を時系列で書く、記憶または観察中心の「記録的文章」
> B. 問題の発見と解決に向けて論理的に考える「事実・本質探究の文章」
> C. 特定の目的をもつ「実用的文章」(説明・意見・紹介・ガイド、宣伝)
> D. 独自の表現で人間的真理を表す「文学的文章」(劇・物語・詩・俳句)

　かつて盛んだったのがAからDへの展開であるが、現在の教科書ではBやCに重点を移し、目標を「分かりやすさ(明晰さ)」に置いている。ジャンルとしてはABCDの価値は同等であり、「深さ」「独自性」も目標として重要である。低学年において「はじめに」「つぎに」「おわりに」と接続詞を用いて「はじめ・なか・おわり」の「簡単な構成」を実現するのは、「分かりやすい文章」を書くための「型の学習」である。しかし本来の子どもの文章は、大人にとって分かりやすいものではない。冒頭(1)に述べたように、分かりにくい文章から「何を書きたかったか」を読み取る力が、全てのジャンル指導の基礎として教師に求められる。

(2) ジャンルの系列―論理の「深さ」への感性

　中学年以上高学年にかけて、主張(意見・判断)、その根拠となる事実、事

実を主張に結びつける理由付け（事実の解釈）、を明確にする「三角ロジック」（トゥールミン・モデル）を使わせることは「型を用いる学習」である。「理由付け」の背後にある「裏付け（根拠となる理論）」の明示や「例外への考慮」を示す「条件付け」も要求される。この論理モデルは、ある主張をするには日常的には明示されない暗黙の事実や考え方を明記する必要があることを学ばせるものである。また、意見を述べる際に「理由は三つあります」と始めて「一つめは」「二つめは」と展開する型にあっても、項目の関係が単なる並列か論理的構造をもっているかに興味を向け主張を支える論理全体の緻密さ・説得力が変化することを、確実に、理解させていかねばならない。

これら「論理の深さ・効果」に対する感性は「分かりやすさ」を追求するだけでは育ちにくく、様々なジャンルを書く学習は、この深さへの感性を養うために必要である。

4）「話し合う力」を育む「ジャンル」作品制作学習

「書くこと」は「個人の頭脳の中で行われる仕事」であり、テーマを見付け、材料を探し・集め、配列し、具体的な言葉で表現する、苦労を伴う作業である。しかしできあがった文章はたしかな形をもち、これを生みだした手応えがある。「誰にも頼らずに書く面白さ」を全ての子供に保障することが重要である。同時に「互いに読み合う」面白さへ開眼させたい。交流の成功には教師自身が作文を面白く鋭く読むことが不可欠であり、このことが意外に軽視されている。教師の読みを鑑（かがみ）として子供たちは互いに発見的に読む。これを基盤とし、友達と協力して一つのジャンル作品を仕上げる活動は、格別に楽しい学習となる。行事案内のパンフレット、班や学級単位の新聞づくりなど活動は多様に考えられ、書く力とともに「話し合う技能」を育てる機会が自然に豊富に得られる。

（村井万里子）

引用・参考文献
文部科学省（2018）『小学校学習指導要領（平成29年告示）解説　国語編』
奈須正裕編著（2015）『教科の本質から迫るコンピテンシー・ベイスの授業づくり』図書文化社
福澤一吉（2002）『議論のレッスン』生活人新書025　NHK出版

❸ 書くことの指導の方法

1）低学年の指導

（1）入門期の発達特性を考慮する

　小学校に入学した子供たちは、岡本（1991）の言う「一次的ことば」から「二次的ことば」への転換が求められる。相手は信頼する特定から不特定多数へと広がり、共有された具体的な話題から抽象的なものやことを説明することが求められる。この転換によって様々な問題が生じ、個々の発達の特性を踏まえた指導が必要となってくる。

　幼児教育の場においては「平成29年告示幼稚園教育要領」で「幼児期の終わりまでに育ってほしい姿」として文字への関心・感覚が取り上げられている。文字の習得も含めて、1年生の子供たちが、話し言葉から書き言葉へとスムーズに移行できるような指導がなされなければならない。

（2）低学年の指導事項

　「平成29年告示小学校学習指導要領」では、前回と同様に指導事項が学習過程に即して明確に示されている。しかしそれにこだわることなく、水戸部（2018）が述べるように子供たちの実態に合わせた柔軟な学習過程の工夫が望まれる。

〇題材の設定、情報の収集、内容の検討

ア　経験したことや想像したことなどから書くことを見付け、必要な事柄を集めたり確かめたりして、伝えたいことを明確にすること。

　子供たちの一番の困り感は、何を書けばいいか分からないことである。まず、題材に対して、書きたいと思う意欲をもたせることが大切である。そのためには日常生活をよく観察して、体験や感動を時期を逃さず題材として設定することが望ましい。発話をメモしたり、連絡帳に「あのね」を一言で書いたりする日常的な活動を通して、その子にあった取材を心掛ける。低学年の子供は時機を逃すと感動が薄れてしまいがちなので、新鮮な思いが生かされるような

配慮が必要である。題材決定後は、教師やペアの友達と口頭作文で思いを伝え合うことを通して、内容を膨らませ、情報の収集をする。絵が得意な子供であれば絵の中に情報を書き込むことも可能である。口頭作文を一文（あるいは一言）に書くと、取材カードとして活用できる。2年生になればマッピングなども有効である。情報の収集後は、読み手に合わせて内容を検討するが、低学年では個人作業に難しさが伴う。教師との対話が特に必要である。

○構成の検討

イ　自分の思いや考えが明確になるように、事柄の順序に沿って簡単な構成を考えること。

　どのように書けばよいか分からないことも課題として挙げられる。取材段階で膨らんだ思いを整理して構成につながなければならない。解説では、「経験した順序、物を作ったり作業したりする手順、事物や対象を説明する際の具体的内容の順序など、時間の順序や事柄の順序を考える」と示されている。目的、相手意識をはっきりさせ、相手に分かりやすく伝えるために「始め－中－終わり」の構成を意識できるようにしたい。2年生では、「文章の冒頭で内容を大まかに説明する」など、さらに読み手を意識した構成も望まれる。

○考えの形成、記述

ウ　語と語や文と文との続き方に注意しながら、内容のまとまりが分かるように書き表し方を工夫すること。

　低学年では、確固たる考えをもって書くというより、記述していく過程で自分の考えを形成していくことが想定される。口頭作文やカードで取材したものはそのまま文章として成立しない。自分の言いたいことが明確に伝わるように、語と語や文と文の続き方に注意して書くことによって確かなものになる。同じ語が何度も出ていないか、途中で言いたいことが変わっていないか、文章がねじれていないかなど、ペアなどで声に出して読み返してみると明らかになる。入門期では文例を示すことも抵抗を減らすことにつながるだろう。

　内容のまとまりとしては、「そして」などの接続詞を多用して文章が続いていないか、同じことを繰り返して述べていないかなどにも注意が必要である。

考えや事例との関係は中学年の指導事項であるが、低学年でも説明をしている文章と自分の考えを述べている文章の違いは意識させたい。

○推敲

エ　文章を読み返す習慣を付けるとともに、間違いを正したり、語と語や文と文の続き方を確かめたりすること。

　低学年の推敲のねらいは間違いに気付いて正すことより、読み返す習慣を付けることにねらいを置く。学習過程として単に推敲に取り組むのではなく、相手意識をはっきりさせより伝わる文章にしたいと思うことが大切である。教師の赤ペン指導に加え、子ども自身が一文一文を丁寧に読み返すことで間違いを正す習慣付けをねらう。その際、知識及び技能（1）ウの指導事項にも注意し、表記の仕方や使い方に目を向けることも忘れてはならない。いずれにしても推敲活動を通して、読み返してよかったという充実感を味わわせ、習慣付けにつなぐことが大切である。

○共有

オ　文章に対する感想を伝え合い、自分の文章の内容や表現のよいところを見付けること。

　水戸部（2018）は交流は活動と捉えられることが多いため、交流の際に働く資質・能力として共有が示されたと述べている。低学年においては、まず相手の書いたものを受け入れるという立場で友達の文章を読むことが大切である。順序の分かりやすさ、語と語や文と文との続き方などの観点をはっきりさせ、そのよさを見付けることを指導する。友達に認められることで、自分の文章の内容や表現のよさを実感し、次の表現意欲へつなぐことができるだろう。

(3) 言語活動を通して資質・能力を育成する

　今回の改訂では言語活動が教科目標に明確に示されている。水戸部（2018）は言語活動の質の高さが、授業の質に直結するため、言語活動を十分に吟味して単元の指導に位置付けることが従来以上に求められると述べる。子供たちや学級の実態に応じた言語活動が計画されることが望ましい。

ア　身近なことや経験したことを報告したり、観察したことを記録したりするなど、見聞きしたことを書く活動。

　見聞きしたことを文章に書く言語活動であり、他教科における書くことの基礎ともなる。文種としては、報告、記録が挙げられているが、説明や紹介も含まれる。学校行事、生活科の動植物の観察、図画工作科の作品の説明、読書記録など日常生活における様々な場面での指導が可能である。心が動いたことをすぐにメモし、時間を置かずに文章化する活動を繰り返すことで取材の力を付けていくことにもつながる。学級通信に掲載したり、手軽な文集を作成したりして保護者にも見てもらうようにすると、表現意欲も一層高まるであろう。

イ　日記や手紙を書くなど、思ったことや伝えたいことを書く活動。

　前項と同様に日常生活における実用的な文章を書く活動である。日記は日々の出来事や感想などの記録を残す活動として、書くことに対する抵抗感を軽減していくのに効果的である。自分に対する記録だが、教師との対話の場面ともなり得る。思いを丁寧に拓いていくことで、書く喜びを見いだすであろう。一行日記、鉛筆対談、交換日記などをすると、友達の思いも知ることができる。

　相手が特定される手紙は、その書き方も学ばなければならない。目的・相手意識をはっきりさせ、手紙を届けたいという意欲を大切にし、行事の案内状、季節の便り、敬老の日などその時々に合わせて活動する。低学年なりに、あいさつやはじめの言葉、おわりの言葉などの基本的な書き方も身に付けさせたい。

ウ　簡単な物語をつくるなど、感じたことや想像したことを書く活動。

　大がかりな創作文を望むのではない。感じたことや想像したことを書く楽しさを味わわせることが大切である。絵や写真を活用すると想像が広がり易いであろう。一部を創作、友達とリレー物語なども考えられる。想像が広がりすぎて順序やまとまりがおかしくならないように構成、接続詞の指導が必要である。作品は読み合ってよさを見付け、成果物として残したい。

（稲田八穂）

引用・参考文献
岡本夏木（1991）『児童心理』岩波書店
水戸部修治（2018）『小学校新学習指導要領国語の授業づくり』明治図書

2) 中学年の指導

(1) 中学年の特質と学習指導要領

　眼前の子供たちの発達や生活状況を捉えることから書くことの指導は出発したい。「書くこと」には限らないことなのだろうが、何をどこまでどのように文章で表現させるのかを構想するときに認識しなければならないのは、目前の生きた言語主体である子供たちである。一人一人異なった名前をもつ個々の生活圏をもつ子どもたちである。

　低学年で日本語文字の基礎である仮名や簡単な漢字を覚えたことを踏まえ、表現活動として長めの文章を綴り始める時期が中学年である。生活科がなくなり理科と社会科が始まる。また、外国語活動や総合的な学習の時間も始まる。知的な個々の興味や関心の幅が広がり深まってくる時期でもある。

　一方、生活面では、上級生がいるとはいえちょっと背伸びをしてみたくなってくる。学習指導要領の目標には「日常生活」という文言が入っているが、この日常生活の生活圏が広がってくるのが中学年である。古くから「ギャングエイジ」とも呼ばれるように、生活圏が広がるだけではなく、その中において人間関係が育まれ集団ができてくるのもまた中学年の子供たちの特質だろう。集団の中で自己の相対化が始まってくる。

　学習指導要領の中学年「書くこと」の学習内容も以上のような特質を踏まえてのものであることは押さえておきたい。たとえば、「相手や目的を意識」するのは広がった生活圏のなかでの他者意識である。自分ではない他者であるところの誰に向けて書くのか、何を伝えるために書くのかということを意識させて書く活動が設定されるのである。中学年という発達段階を想定した上でどのような文章表現活動が子供たちに求められるのかを考えなくてはならない。

　「言語活動例」あるいは教科書教材についても同様である。「報告」「手紙」「詩や物語」などが示されているが、それをそのまま機械的に行うことは子供不在の言語活動となってしまう。たとえば中学年言語活動例には生活作文が出されていないが、日常生活圏が広がり、諸活動がより活発になる年齢なのであ

る。その活動を文章表現に生かすこと、つまり、日常を題材にすることは子供の側に立った文章表現指導になっていく。低学年言語活動例では「日記」が示されているが、中学年ともなるとその日記の内容も広がりを見せてくるはずである。たとえば日記で取り上げた題材を「作文」として再構成していくことも可能である。

(2) 楽しく書く

　学習指導要領の中学年言語活動例に「詩や物語をつくるなど、感じたことや想像したことを書く活動」とあるのは、その前に示された「実用的」な文章に対応してのものだろう。

　学習指導要領でまず示されるのは、調べたことを効果的にまとめる情報伝達のための書く活動である。子供たちにすれば興味ある面白い情報ならばまだ書く気になるが、そうでない与えられた面白くない題材であるとすると意欲という点で書く気を削がれてしまう。そうならないように相手や目的をしっかりと意識させることが必要になってくるのだが、それにしても「書き表し方」に重点が行ってしまうと書く行為そのものは機械的なものになってしまいがちである。

　このような実用的な文章の作成に対して、詩や物語は書きたいことを自由に想像して書くことになる。気持ちの上では楽だし、なにより自分を前面に出すことができる。そういった意味で「詩」や「物語」が提示されていることは大切にしたい。

　もちろん何でも自由に書けばよいということではない。想像したことを文章化するためにはそれなりの文章力が必要となってくる。詩や物語もまた文章表現なのである。「書くこと」の活動なのである。書く活動によって書く力を培っていかなくてはならない。

　だが、書く力は書かなければ自分のものとはならない。そこで、詩や作文も含めて考えなければならないのは、「書かされる」のではない、自ら書こうとする意欲をどうつくるのかである。

中学年においてはそこにやはり「楽しさ」をもってきたい。自分を表現する楽しさ、自分の表現を他者が受容してくれる楽しさ、発信した情報を受信してくれる楽しさ、こういった楽しさが実感できてくれば、書くことへの精神的技術的抵抗も少なくなってくる。

楽しさはまた喜びでもある。低学年から更に広がった様々な様式の文章を書く喜びが身に付くような指導が望まれる。つまり、中学年らしい活発さをどのように書くという学習活動に向けていくのかということである。

(3) 指導の方法と工夫

書くことの指導は文章生成過程に合わせて、「記述前」「記述中」「記述後」の3過程に分けて考えることが多い。原稿用紙に書いている時間のみが書くことの指導時間ではないし、書かれた文章作品のみが指導成果あるいは評価対象でもない。書くという言語活動及び学習活動は広義に捉えていかないと単なる技術指導になってしまうのである。

なお、この3過程は明確に分けられるものではない。また、絶対的な順序性があるものでもない。中学年の元気な子供たちである。いきなり思ったことを書きつけるといったことがあってもよいのである。

そして、「過程」とともに「場」も意識したい。いうまでもなく国語の時間のみが書くことの場ではない。子供たちにとって書くことが自然の活動となるように、書く場は意図的に多く設定すべきだろう。教科学習だけではなく学級活動における学級日誌や班日記、学級会記録なども書く活動の場となる。

① 記述前指導

学習指導要領では「題材の設定」「情報の収集」「内容の検討」「構成の検討」となっている記述前指導の段階だが、まず醸成したいのは「書こう」「書きたい」と思う意欲である。

具体的な書くことの目標があってこその題材設定となるわけだが、その際教師の側としては子供たちがどのようなことに関心をもっているのか、表現意欲がどこに向かっているかをできるだけ捉えるようにしたい。興味をひくための

「迎合」ではなく意欲を引き出すための検討である。過去に書かれた様々な児童作品を読み合うこともできる。

題材設定は個人の課題とすることもできるが、集団の交流の中で生み出すこともできるし、それが中学年らしさの反映にもなる。「共有」は記述後だけの活動ではない。

② 記述中指導

題材・構成メモから下書き、下書きから清書へという機械的な作業活動のみにならないようにしたい。表現の工夫も含めてこの過程で重視しなければならないのは自己との対話活動である。どのように書き表せばよいのか、どの言葉を使えばよいのか、どうしたら伝わるか、何より自分の思いは何なのかといった文章表現をめぐる自己内対話が書く活動に移行することによって思考力や想像力が耕される。

指導であるから安易に家庭課題とすることも避けたい。時間的制約は当然あるが、教室において時間をかけて書くという場は大切にされるべきである。

③ 記述後指導

「推敲」「共有」の段階である。子供とすれば一度書いたものを読み返して推敲し清書をする活動は意欲面で難しいものがある。推敲することによって何が変わるのかを実感する場が必要である。

そこでは共有も含まれる。共有すなわちみんなで読み合うために推敲を行うという面がある。この文集作成を始めとする読み合う活動は様々に工夫したい。読み合うことによって新たな人間関係も生まれてくる。子供は友だちの作品を読むことが大好きである。言語表現だけではなく、それ以上の学びも生まれる。

もちろん教師が子供の文章を共感的に丁寧に読むことは大前提である。しっかり読んでくれるから、中学年の子どもは安心して文章を綴るのである。

（木下ひさし）

引用・参考文献
田中定幸（2010）『作文指導のコツ②中学年』子どもの未来社
日本作文の会（2016）『「書くこと」の授業を豊かに』本の泉社

3）高学年の指導

(1) 高学年指導のポイント

高学年に限らず、書くことの課題は作品重視から過程重視の書くことの指導への展開にある。その中でも重要となる点を以下に挙げる。

①プロセス・アプローチの必要性

プロセス・アプローチ自体は方法論ではなく、書くことが複雑な思考の結果であることを表す理念である。書くことの指導は、従前では記述前指導、記述中指導、記述後指導で述べられることがほとんどであったが、総ての過程において適切な指導・支援が求められる。書き手である子供が何を伝えたいのか、その目的意識を明確にし、伝えたい思い（想）をどのように形にしていくのか、構想段階での丁寧な掘り起こしが重要となる。特に今日的にはcollaborative writing として取材、選材の段階でも読み手になるであろう友達の意見などを踏まえ、自分の想（表そうとする事の中心的な思い）と照らして何をどのように書くかを構想し、構成へと結びつけていきたい。

②文産出過程の意識化　モニタリングの重要性

「文産出モデル」はフラワー＆ヘイズ（1981）が提示し、広く理解されているが、中でも着目すべきことはモニタリングを書き手は常に行うメタ認知の機能が働いていることである。高学年の児童では、自分を客観的に見ることが可能な時期に入っている。課題状況に対して、自分が書いている文章が適切なものとなっているかを常に振り返りながら学習を進めていくことが重要となってくる。産出モデルの［構想］［記述］［推敲］の各段階において個としてさらに「共同的」に［構成レベル］［文章レベル］［語句・語彙レベル］での見直しを学習過程に組み入れたい。

③ジャンルに合わせた書き方の指導

書くことの題材の方向性は［創作系］［論理・説明系］に大別することができる。［創作］には短歌・俳句・詩も含まれる。ジャンルにはそれぞれの様式ともいえる「文章表現上の特徴」があり、その特性に合った書き方指導を行う

ことは、低学年以来の一貫した指導といえる。

④モデル文提示の必要性

大村はまは、書けない生徒のために、「書き出しの例」などを具体的に「てびき」の中に示し、その手を導く指導を展開した。教科書にはモデル文として完成された文章が載せられているが、主に「論理・説明系」の文章において構成や具体例の提示などにおいて有効となる。逆に「創作系」においては、題材をどのような角度から切り出していくかなど部分的な述べ方、また「描写」の具体などが参考になるものとして子供に提示したい。

⑤ IT、コンピュータを活用しての作文指導

社会に出ると鉛筆で書き表すことはほとんど無くなっている。PCが生活の中に当たり前のように取り込まれている中、PCをツールとして用い単なる文章作成機能だけでなく、双方向性の機能を生かし、発信による情報の共有やレスポンスなどを活用することができる。また資料としての図表、グラフなどを取り込むことなどは容易な作業となるし、デジタル黒板において個々の記述状況やグループでの作成過程などを立ち止まってクラス全体で共有、検討する場なども大いに行いたい。

⑥評価の工夫

個々の作文を丁寧に評価するのは、教師の重要な役割であるが、その負担は大きい。大村はまは、「先生への手紙」を提出した文章につけることによってその処理を効果的に行う方法を示している。(筆者がまとめた)

子供自身の振り返りによる作文の自己評価にもなっている。これらを手掛かりにして作文を「教えた、教えられたという実感のあるもの」にできる

```
私の作文「     」に添えて        （書かれた作文には次のような符号がついている）

題材ですが、この題材は……      A  ここはもっと簡単に書くべきだったか
めあては、……                  B  ここはもっと詳しく、細かく書くべきだったか
この作文で特に表したかったのは…… C  このへんはすらすら書けた
そのために工夫したことは……    D  このへんは、進まずつかえて書いた
構想はこうなっています。……    E  このへんはよく書けた
                                F  このへんはよく書けていない
                                G  この言い方はもの足りない

書き出しは次のようにも考えました。…
```

（2）学習指導要領の位置付け

　学習指導要領の指導事項はア～カが書くことのプロセスになって配列されているが、キーワード的に抽出できるのは「意図」「展開や構成」「事実と感想意見の書き分け」「引用」「書き表し方」などである。学習指導要領の柱である「自分の思いや考えを表現することができる」が、書くことにおいても求められるものとなっている。中でも「共有」において他者との交流を通じて自分を振り返ることが示されており、相手意識、目的意識に応じての書き表し方をメタ認知することが重要となっている。

（3）教科書における学習材に見る題材

　主たる教科書会社4社の「書くこと」単元を比較してみると、以下のような単元・題材の特徴が見られた。

　教科書会社により文種分けやその比重は多少異なるものの、発達段階による違いの傾向は一貫している。高学年になると、低中のすべての文種に加え自らの考えや思いを表現する意見文が入り、創作文は全てにおいて取りあげられている。

主要教科書4社の単元題材比較								
	5年				6年			
	A社	B	C	D	A	B	C	D
題材探し	○				○			
説明・報告	○	○	○記録報告		○	○	○	○
感想意見	○				○			
提案意見		○		○		○		○
情報活用	○				○			
創作	○	○	○	○				
生活文	○文集		○	○		○	○	○
単元数	6	6	6	5	5	5	6	6

（4）フィンランド・メソッドに学ぶ指導法

　現在の国語教育の方向性として論理的思考の志向性が強いが、教科書各社がそのジャンル、題材として挙げているように「想像・創造する創作型」の重要性を落としてはならない、PISAで注目されたフィンランドにおいては「物語創作」が多く学習に取り込まれている。フィンランド・メソッドにおいては［発想力：言いたいことを思いつくこと］［論理力：言うことに筋を通すこと］［表現力：言い方を身につけること］［批判的思考力：相手や自分の考えを見つめ直す］［コミュニケーション力］（以上の）五つの力を駆使するを挙げている。創作表現においてもこれらの力を意識しつつ、［キャラクター設定］［プロローグ］［クライマックス］［エピローグ］をマッピングに構想し、物語を生み出す表現力を培う学習が行われている。

（5）多様な指導方法の展開

　書くことの学習は、歴史的には作品主義の傾向が強く見られたが、書くこと自体をより気楽に身近なものとして行いたい。また短い文章として書き続けていくなど様々な指導を他領域の学習の中に組み入れたり、帯単元や練習単元と

して行ったりすることも必要である。

　かつて青木幹勇は「第三の書く」として「読むために書く」「書くために読む」と領域をクロスしての活動を提唱した。次のような言語活動も想定できる。

〇リライト：ある目的をもって文章を一から全面的に書き直していくこと
　リフレーズ：ある言葉の意味を別の言葉に置き換えていく
　パラフレーズ：ある表現を他の語句に置き換えて、わかりやすく述べること
〇翻作法：原作となるテクストを同一の表現形態において書き直す方法。テクストを読んで自分が理解したことや想像したことをテクストと同一の形態、または異なる表現形態（脚本や手紙など）で表す。「再話」や「書き換え学習」なども類似の方法といえる。

（藤井知弘）

引用・参考文献
Flower, L & Hayes, J.R（1981）A cognitive process theory of writing. *College Composition and Communication*, 32, 4
入部明子（1996）『アメリカの表現教育とコンピュータ』教育出版センター
大村はま（1983）『大村はま国語教室6』筑摩書房

3. 読むこと

❶文学的文章指導の目標と内容

1）読むこと領域の構成

　学習指導要領における「読むこと」領域は、資質・能力のうち、「思考力・判断力・表現力等」に位置付けられ、その学習過程と指導事項、言語活動例は表1のように整理されている。

表1 「C 読むこと」領域の構成

学習過程	（1）指導事項			（2）言語活動例		
	第1学年及び第2学年	第3学年及び第4学年	第5学年及び第6学年	第1学年及び第2学年	第3学年及び第4学年	第5学年及び第6学年
構造と内容の把握（説明的な文章）	ア	ア	ア	アイウ（説明的な文章）（本などから情報を得て活用する活動）	アイウ（説明的な文章）（本などから情報を得て活用する活動）	アイウ（説明的な文章）（本などから情報を得て活用する活動）
構造と内容の把握（文学的な文章）	イ	イ	イ			
精査・解釈（説明的な文章）	ウ	ウ	ウ			
精査・解釈（文学的な文章）	エ	エ	エ			
考えの形成	オ	オ	オ			
共有	カ	カ	カ			

（『小学校学習指導要領（平成29年告示）解説　国語編』36頁）

　学習指導要領における国語科の特徴は、すべての学習が「言語活動」を通して行われることが明確にされた上に、学習過程が提示されていることである。ただしこの学習過程は、順序性を問うものではないことも示されており、指導事項がそのままの順序で学習を構成されるものではない。ここでは、学習過

程・指導事項について、概観し、特徴的な内容について言及する。

2)「読むこと」(文学的な文章)の指導事項について

○構造と内容の把握（指導事項　イ）

　「構造と内容の把握」は、「叙述を基に、文章の構成や展開を捉えたり、内容を理解したりすること」とされており、「場面」「登場人物」「行動」「心情」といったキーワードで示されるような内容である。読んで内容を理解するということに相当する。

○精査・解釈（指導事項　エ）

　「精査・解釈」は、「詳細な読み」への批判、PISAショックによる「読解力」そのものの捉え直しを経て、ようやく「詳しく読むこと」の意味が再評価されたものである。その内容は、「文章の内容や形式に着目して読み、目的に応じて必要な情報を見付けることや、書かれていること、あるいは書かれていないことについて、具体的に想像することなど」とされている。文学的文章については、「登場人物」「性格」「行動」「気持ちの変化」「情景」「全体像」「想像」「表現の効果」というようなキーワードで説明されている。

　「構造と内容の把握」もそうだが、解説においても、具体的な読みの方略は示されていない。そこにはそれぞれの教師の工夫が前提とされている。教材の特質に合わせて、松本ら（2015）（2018）の言うような、子供の思考・学習の実際的でオーセンティックな（「実の場」に即した）文脈を考えながら、具体的なアプローチを考えることが重要になる。たとえば、第3学年及び第4学年の「情景」にかかわる解説では、「情景には、登場人物の気持ちが表されていることが多い。情景について具体的に想像する際には、場面の移り変わりとともに変化していく登場人物の気持ちと併せて考えていくことが重要である。」と書かれているが、どのようにしたら情景について具体的に想像することができるのか、「人物の気持ちと併せて考えていく」ことになるのかまでは示されていない。情景表現にどのように着目させて抜き出させ、そこにかかわる「人

物の気持ち」に関連する表現をどう取り出して考えるのか、具体的に考える必要がある。

○考えの形成（指導事項　オ）

「考えの形成」は、「文章の構造と内容を捉え、精査・解釈することを通して理解したことに基づいて、自分の既有の知識や様々な体験と結び付けて感想をもったり考えをまとめたりしていくこと」とされている。

「自分の既有の知識や体験」には、文学教材の場合、いままで読んできた文学作品にかかわる知識、感動体験、作品の背景にかかわる知識等の他に、日常的な生活の中での具体的な活動や人間関係の体験、自然の風景やそこで得た感動なども含まれる。文学を読むことは自らの内側にあるリソースが全体として動員される活動なのである。「感想や考えをもつ」ことが、「文章を読んで理解したことについて、自分の体験や既習の内容と結び付けて自分の考えを形成することである。ここには、疑問点や更に知りたい点などを見いだすことも含まれる。」とあるのは、個々の子供が自分の存在をかけて読みを成立させることを想定しており、これが強調されるのは、「共有」という学習が、この考えの形成なしには不可能であるというところにある。

○共有（指導事項　カ）

「共有」は、この学習指導要領で新たに示された概念である。「文章を読んで感じたことや考えたことを共有し、自分の考えを広げること」を示すとされ、「文章を読んで形成してきた自分の考えを表現し、互いの考えを認め合ったり、比較して違いに気付いたりすることを通して、自分の考えを広げていくこと」と解説されている。

詳しく見ると、第1学年及び第2学年では、「文章を読んで感じたことや分かったことを共有すること。」第3学年及び第4学年では、「文章を読んで感じたことや考えたことを共有し、一人一人の感じ方などに違いがあることに気付くこと。」第5学年及び第6学年では、「文章を読んでまとめた意見や感想

を共有し、自分の考えを広げること。」とある。

　これは、「考えの形成」と併せて、「主体的・対話的で深い学び」という大きなねらいに深く関わるもので、「対話」のあり方に関連する。従来の学習指導要領では、伝統的に国語科では「伝え合う」ことの重要性が認識されてきたことに立脚し、「交流」という言葉で解説されていたものが、「共有」という言葉で把握され直したものと見てよいだろう。

　「伝え合う」が一方からの伝達の重なりと捉えられたり、「交流」が単なる意見の言い合いと捉えられたりするという危険があることに鑑み、「共有」が、互いの考えの相互的な認知と自己の考えの見直しを要請するコミュニカティブな活動であることを強調しているわけである。このことは国語教育における「読みの交流」という概念が従来もっていた内容であるが、「共有」という用語によってそれをより明確にしたものと考えられる。

3）言語活動例との関連

　言語活動例では、詩や物語、伝記などを読み、「内容を説明」し、「考えたことを伝え合う」活動が例示されており、文学的な文章の読みの学習も例示にあるような教材に即して適切な言語活動を通して実現される。文学の学習の具体的な目標と内容は、学習指導要領の示す指導過程の順序に指導事項を並べ、言語活動を組み合わせる、というような発想では達成されない。教科書も同様で、活動が具体的であればあるほど子供の実態に合わないということも考えられる。言語活動を教材の本質と子供の実態に合ったものとしてデザインすることが求められる。

　国語科における文学的文章教材は、他の教科では担うことのできない感性や自己の存在にかかわる教育内容をもっており、そのことの重要性を意識して、目標と指導内容を検討することが重要である。　　　　　　　　　（松本修）

引用・参考文献
松本修編著（2015）『読みの交流と言語活動―国語科学習デザインと実践―』玉川大学出版部
松本修・西田太郎編著（2018）『その問いは、物語の授業をデザインする』学校図書

❷文学的文章指導の方法

1）物語文

（1）物語と教育

　小学校では、文学的文章の中でも主に扱うのは物語である。古今東西、物語をもたない民族はなく、歴史や文化を越えて存在し続けている。現代においても、テレビドラマからアニメや動画にいたるまで、あらゆるところに見いだすことができる。この100年ほどのあいだ、物語研究は世界的に活況を呈した領域である。文学研究を嚆矢とし、哲学・歴史学・社会学・医学・臨床心理学・教育学など、様々な分野で研究されている。物語は、なにも『源氏物語』『平家物語』といった文芸に特有なのではなく、人間の理解や認知といった心的・知的活動と不可分であり、物語を研究することはそのまま人間や社会を探求することである。物語は世界を理解し制作するための方法なのである。したがって、国語の授業において、物語を読むこと自体にきわめて重要な意味があると言ってよいだろう。登場人物の心情を捉えればそれですむというものではなく、物語を物語として読むこと、物語をトータルに把握することで、読者の内的な体験とすることが求められることになる。因みに、平成29年告示学習指導要領では「［第3学年及び第4学年］Ｃ　読むこと　（2）イ　詩や物語などを読み、内容を説明したり、考えたことなどを伝え合ったりする活動。」［第5学年及び第6学年］「Ｃ　読むこと　（2）―イ　詩や物語、伝記などを読み、内容を説明したり、自分の生き方などについて考えたことを伝え合ったりする活動。」とある。

（2）物語とは何か

　20世紀初頭ロシア・フォルマリズムやウラジミール・プロップ『昔話の形態学』を皮切りに物語研究が進展することになる。そこでは、物語の内容よりも形式に注目された。1960年代フランスの構造主義に接ぎ木され、個々の物

語ではなくて、物語一般の普遍的な文法・構造が明らかにされるようになる。以後、ツヴェタン・トドロフによって物語論（narratology）として命名され、物語研究は世界的に広まることとなる。では、物語とは何か。

① 物語とは、人物が行動する出来事が語られる

登場人物 A は、ある出来事に遭遇する。その結果 A' に変容する。桃太郎は鬼退治という出来事を経て、裕福になる。出来事とは、二つ以上の事実によって構成される。「メロスは走った」では、物語にならない。「メロスは走った。そして、王城に戻ってきた」で出来事になる。

② 「はじめ―中―終わり」という構成をとる

『竹取物語』では、「翁」がもと光る竹を発見し、かぐや姫を連れて帰るという「はじめ」、かぐや姫の成長や求婚譚という「中」、月に帰るという「終わり」がある。刑事ドラマでも、人が殺されるという「はじめ」があり、事件の捜査としての「中」があり、犯人が暴かれる「終わり」がある。

③ 語り手がある視点から語ったものである

語り手は「作者」とは区別されなければならない。物語を語っているのは、作者という近代的あるいは実体的な主体ではなく、仮の、虚構上の主体としての語り手である。作者と語り手が分裂していることが、文学的なテクストの条件である。

④ 物語るとは世界を意味付けていく行為である

物語は事実の正確な反映ではない。「語る」は「騙る」とも言われるように、語る行為自体が変形作用を免れない。語ることは、語り手なりの解釈なのである。したがって、物語を読むことは語り手の解釈を解釈する行為である。

⑤ 他者と共有されることが前提である

物語は、近代以降の黙読を前提として成立しているのではない。元来、誰かが声に出して語る内容を複数で聴くことが想定されたものである。物語とは共有されるものなのである。

(3) 物語分析の方法

　物語教材を読むうえで、素朴な印象にのみ頼ったり、内容にのみ拘泥することなく、形式や語りを分析的に読むことで読みは深められる。以下、丹藤(2018)による分析の方法を示す。

①物語内容を一文でまとめる

　「あらすじ」をまとめるといってもよいが、大事なことは、物語の「機能」を把握するということである。機能とは、構造的にみて、その物語の核心的な部分のことである。例えば、「夕鶴」では、「与ひょう」が、「つう」の部屋を覗くというタブーをおかすことが物語の最大の結節点・転換点になっている。「夕鶴」の機能はタブーをおかすとなる。

②物語の形式上の特徴をとらえる

　テクストの構成や表現上の特徴を明らかにすることである。特に「指標」を掘り起こすことを強調しておきたい。物語には意味のないものはないと言ってよい。物語の展開には直接的には関係していなくても意味を添えるはたらきをする語句に注目する必要がある。例えば、「ごんぎつね」中の「ひがん花がふみ折られていました」という表現は、「ひがん」は「彼岸」であることからも、「ごんの死」を暗示している。

③語り分析

　語り手が、どの視点から、登場人物をどのように語るかを読むことが、きわめて重要である。登場人物の外から語ると三人称視点、内から語ると一人称視点と呼ばれる。同じ三人称でも、神のように俯瞰的に語ることもあれば、登場人物に寄り添って語ることもある。また、一つのテクストでも視点が変化することもある。語りの多様性にも目を配る必要がある。

(4) 物語の教材分析と授業

　物語の授業では、言うまでもなく、教材研究の如何が授業を左右することになる。教材研究とは、教材としての価値を引き出す行為である。一読者として、あるいは教師としての読みをもつことが不可欠である。そのためには、物

語内容ばかりでなく、方法に着目し分析的に読むことが肝要となる。前記、「(3) 物語分析の方法」をもとに4年生の「ごんぎつね」分析の一端を示す。

① ―物語内容を一文でまとめる

　「ごんが兵十にうち殺されてしまう話」

② ―物語の形式上の特徴を捉える

　・「雨のしずくが光っていました」「白いものがきらきら光っています」「おしろの屋根がわらが光っています」→明るい感じ

　・ごんは「ちょいと、いたずらがしたくなった」だけなのに、兵十からは「うわあ、ぬすとぎつねめ。」と思われている→すれ違い

　・「ぼろぼろの黒い着物」「麦をといでいました」→兵十は貧乏

③ ―語り分析

　・語り手が「わたし」として物語に介入している。

　・三人称の視点であり、ごんに寄り添って語る。

　・「6」の場面で、「きつねがうちの中に入ったではありませんか」とあり、視点がごんから兵十に移っている。

「ごんぎつね」は、ごんが殺された悲しい話と読まれることが多い。しかし、語りに着目し分析してみると決してそうではないことがわかる仕掛けになっている。語り手の視点がごんから兵十に移ることで、テクストの構造上、読者は兵十からごんを見ることが求められている。そのことで、ごんと兵十の認識がすれ違っていることが明らかになる。自分にくりやまつたけをくれていたきつねを殺してしまった兵十はどうするかを読者は考えるよう仕向けられているのである。分析は手段であって目的ではない。分析によってテクストの行為性を可視化し読み深めることが目的である。

（丹藤博文）

引用・参考文献

プロップ・ウラジミール著北岡誠司・福田美智代訳（1987）『昔話の形態学』、水声社

バルト・ロラン著（1979）『物語構造分析』花輪光訳、みすず書房

ジュネット・ジェラール著花輪光・和泉涼一訳（1985）『物語のディスクール』、水声社

丹藤博文（2018）『ナラティヴ・リテラシー―読書行為としての語り―』溪水社

2）詩・短歌・俳句

　詩、短歌、俳句の指導について、学習指導要領の項目と関連する部分を抜き出し、重点を置くことをまとめると、以下のようになる。

> 〔知識及び技能〕①語彙、②表現の技法、③音読、朗読、④伝統的な言語文化、⑤言葉の由来や変化
> 〔思考力・判断力・表現力等〕「読むこと」①構造と内容の把握、②精査・解釈、③考えの形成、④共有

（1）内容を読む

　詩の場合には、伝えようとしている中心は何であるのかを考えながら読む必要がある。題名がそれを象徴している場合が多いが、そうでない場合もある。草野心平の「冬眠」のように題名と作者名以外は文字が書かれていない場合がある。イメージしたことを絵や写真で表現するという「写真詩画集」の取組なども参考にできる。短歌、俳句の場合には書かれていない部分を短い言葉からイメージし、内容を読むことが必要となる。

a 音読、朗読で表現する

ア　間の取り方

　詩の音読、朗読については、題名、作者、行変わり、などで間を取りながら読むといい。次の行の初めの言葉を空で読んだ後に、声に出して読み始めるといいだろう。何度も声に出すことによって内容把握ができる。

イ　抑揚

　過度に抑揚を付けることは避けたいと思う。読み取った内容に即して、抑揚を付けるべきところを明確にして読ませたい。

b 構造から内容を読む

　短い言葉で表現されているので、構造については、詩における「連」、短歌・俳句の五七の繰り返し、区切れなどによる表記による伝わり方を、自分の

考えと比較して読み取らせたい。内容を読み取るためには、詩、短歌、俳句のキーワードになることを選び出し、それに対する解釈を書かせることも必要であろう。そのことが内容に迫ることにもなる。

(2) 技法を読む

詩、短歌、俳句の技法を読むことは、知識及び技能として必要なこととなる。

a 言い換え

比喩、体言止めなどの表現の技法を学ぶためには、語彙を身に付けることが必要となる。直喩である「〇〇みたい」という表現をさせるためには、例えるための語彙が必要となる。見た目や言い方などが似ているものを比べて、繋ぎ合わせることが必要となるからである。体言止めにする場合でも、どんな言葉を行の最後に持ってくるのかは、語彙力によって変わってくる。「言葉の変身」として言い換えをさせるといいだろう。

b 複数の解釈を試みる

短い言葉から精査・解釈を行うためには、リフレイン、省略など表現の技法と照らしながら考えることが大切になるだろう。詩の場合だと「なぜこの言葉を繰り返し使っているのか」短歌、俳句の場合だと、同じことを表現するために、「なぜこの言葉を用いたのか」などを考えさせることである。その上で、自分が解釈したのとは違う解釈はできないだろうかとあえて二つ目の解釈を考えさせてみるといい。

(3) 言葉による見方・考え方を育む

a 虫食いクイズ

題名を隠して、「この詩の題名は何でしょう」。逆に「この題名だと、ここにはどんな言葉が入るでしょう」、短歌、俳句でも「ふさわしい言葉を考えてみましょう」というように隠された部分にどんな言葉が入るのかを考えさせてみるといいだろう。様々に言葉を入れることによって語彙力も育まれる。

b 解釈文を書く

言葉で表現されたものから解釈したことを互いに表現し合うことで、見方・考え方を共有し、理解し合うことはできる。まず、自分が詩、短歌、俳句からイメージした作品世界について述べ、次に「なぜこのような言葉を使ったのですか。この言葉からこんなイメージをもったけれどどうですか」というような解釈文を書かせる。それを互いに読み合い、解釈の違いに気付かせることで「見方・考え方」を共有することができるのではないだろうか。

(4) 合作（連作）

a 合評会（句会）

　それぞれが作った詩、短歌、俳句を互いに評価させるものである。伝統的には連歌や句会などもある。それらをまとめて合評会と読んで行うことは大切な言語活動である。そこでは内容の理解や表現の技法、声に出して読むことで伝えるなど様々な方法で、互いの作品を共有できるといいだろう。対話的に学習を展開するために協働的に読み書きを返すことが必要となる。

b 連詩

　合作としてテーマを決めて作品を書き、それらを集めてアンソロジーにしたり、リレー形式で連作したり、鉛筆対談の手法で一人ずつ交代で書いたりする。

(5) 共同批正（読み合い）

　読む対象としての詩には、詩人が書いた少年詩などと子供が書いた児童詩に分けられる。前者の場合だとクリティカルリーディングとして「批判的な読み」を中心に取り組むことになる。後者の場合だと、批判的に読みつつも、修正・追加などのアドバイスが中心的な活動となるだろう。

a こどもプレバト

　テレビ番組でも有名になっているが「プレッシャーバトル」の略である。内容的には、俳句のコーナーで夏井いつきが芸能人の俳句を評価し、アセスメントする。教科書に載った詩、短歌、俳句、あるいは自分たちで見付けてきたものを言葉を変えたり、行を入れ替えたりする活動である。

b アンソロジー編集

　それぞれが自由に書いた作品をテーマごとに分け、それを章立てして、アンソロジーとして編集する。アンソロジーは料理でいうとアラカルトのようなものであるが、テーマごとに分類するために読むという点では、作品の主題を読むことにもつながる。その過程で、テーマがよりはっきりと伝わるように、共同批正を行って、書き直しを促す場面も見られるだろう。詩も短歌も俳句も短い文章なのでこれらの活動がしやすいだろう。

　以上述べたことを一覧にまとめると以下の表1になる

表1

観点	項目	(1) 内容	(2) 技法	(3) 見方・考え方	(4) 合作	(5) 共同批正
知識・技能	①語彙	○	○	○		○
	②表現の技法		○		○	○
	③音読朗読	○			○	○
	④伝統的な言語文化				○	
	⑤言葉の由来や変化		○	○		
読むこと	①構造と内容の把握	○				○
	②精査・解釈		○	○		○
	③考えの形成	○		○		
	④共有				○	○

（今宮信吾）

出典・参考文献
日本作文の会（1970）『児童詩教育辞典』百合出版
今宮　信吾（2010）『ことばの力をつける詩の授業』フォーラムA
文部科学省（2017）『小学校学習指導要領（平成29年告示）解説　国語編』東洋館出版社 p.19-22
　p.25 p.37-39

❸説明的文章指導の目標と内容

1）説明的文章指導の目標

　説明的文章の学習指導が、従来のように内容を正しく読み取り、要点や要旨をまとめるということに終始していては、これからの社会を生きる力の育成として十分ではない。すでに1980年代から、こうした読解指導にとどまるのではなく、認識力や表現力を育てる学習指導の可能性が追求されてきた。そこでは、筆者の見方・考え方が説明的文章の論理展開や表現方法に顕在化されていると捉え、この筆者の見方・考え方・述べ方に出合うことによって、子供たちが題材に関して自らがもっていた既有の見方・考え方・述べ方を再構成する学びが求められることになる。つまり、説明的文章の学びの目標は、筆者と対話することによって、子供たちの既有の知識・技能を再構成することであると考えるのである。こうした説明的文章の学びでは、筆者との対話はもちろんのこと、教師を含めた他者との対話を通して自己内対話を行っていくことが重要となる。そこでは、子供が自ら思考・判断し、表現し合う言語活動の充実が必要になってくる。

2）説明的文章のジャンルと内容

　説明的文章は、筆者の相手意識、目的意識、表現方法との関連で、「記録・報告」「説明・解説」「論説（意見・主張）」といったジャンルに分類できる。

　「記録・報告」は対象に最も近い位置から対象に即して筆者によって認識・表現される文章であり、読み手意識がさほど強くないものである。「説明・解説」は、相手を意識しつつ、対象の本質や問題を分析的に明らかにしようとしたものである。「論説」は、最も強い相手意識をもち、ある判断や意見を主張して、相手を論理で説得する目的で書かれたものである。

　説明的文章教材の内容、つまり、認識の対象となっているものには、「自然」「文化」「社会」「国際理解」「情報」「環境」「福祉・健康」「宇宙」など多岐に

わたる内容が対象として挙げられている。

　説明的文章の学習指導では、学習指導要領で言われている三つの「資質・能力」の育成へとつながっていくような学びが必要である。近年、強調されているのは「生きる力」の育成である。「何を理解しているか、何ができるか」（生きて働く知識・技能）と共に、「理解していること・できることをどう使うか」（思考力・判断力・表現力等）、そして、これらの土台であり、目標でもある「どのように社会・世界と関わり、よりよい人生を送るか」（学びに向かう力・人間性等）という三つの「資質・能力」を各教科等における具体的な活動を通して育むことが求められている。

　こうした中で、説明的文章教材は、筆者という一人の個性がどのように対象を認識し、切り取り、それを読み手に分かってもらえるように論理展開しているのかということを読み取ることがきわめて重要となってくる。

　最近の学習指導要領「国語」では、単に「何が書かれてあるか」を読み取るだけではなく、最終的には「いかに書かれてあるか」に向けて批評することが求められている。PISA調査以来、日本の高校生の論理的思考力・表現力、知識・技能の活用力の重要性が指摘され、平成20年告示の学習指導要領において、義務教育最終段階に言語活動例として「批評すること」という文言が出されるようになった。先述したような学習指導要領が求める三つの「資質・能力」を育てるためにも、「何が書かれてあるか」に向けての読みだけではなく、「いかに書かれてあるか」に向けて批評していく力が欠かせない。

　河野（2006）は、説明的文章の「批判読み」の先行研究・実践の検討を通して、これから目指すべき「批評読みとその交流」を次のように概念規定している。

　「批評読みとその交流」は、文章の構成・表現や論理展開を手がかりに、筆者の世界の見方・考え方と対話し、他者と批評し合うことによって、最終的には、子供自らの既有の世界の捉え方や論理・構造の捉え方を問い直し、変容を迫ることを目指す。ここに他者の存在が重要となる。自分と異なる考えや見方を有している他者という存在があり、その他者から発せられる異質な見方・考え方があってこそ、自らの見方・考え方が明確になり、他者との違いを通して学び

が生み出される。つまり、子供の既有の知識・技能、見方・考え方を再構成していくのである。こうした学びこそが生きて働く力を育成することになる。

こうした他者と批評し合うために、説明的文章の授業論において鶴田清司(2017)が提唱している根拠をもとに理由付けして主張するという論理的コミュニケーション能力の育成も重要となってくる。

3) コンピテンシーとしてのメタ認知の育成の重要性

以上のような説明的文章の学びにおいては、メタ認知の育成が重要になってくる。メタ認知は自立した子供を育てるためには欠かせない働きであり、学習指導において、認知心理学のメタ認知の理論が注目されてきた。

三宮(2008)は、メタ認知を「メタ認知的知識」と「メタ認知的活動(モニタリング・コントロール)」の両面から捉えたうえで、「メタ認知的知識」(とりわけ方略についての知識)が、①宣言的知識(どのような方略か)、②手続き的知識(いかに使うか)、③条件的知識(いつ、なぜ使うか)から成ると述べている。

宣言的知識とは、概念的知識のことである。説明的文章の読みに関して言えば、説明的文章は「はじめ」「なか」「おわり」という構造からなっているという知識は宣言的レベルのものである。

手続き的知識とは、その知識を使っていかに読み取るかということに関する知識である。たとえば、「『はじめ』はこれから筆者がこの説明文で何について説明しようかという課題を提示している部分なので、その課題をつかむと筆者が何について説明しようとしているかが分かるぞ。それが分かれば、『なか』でこの課題のために適した事例が選ばれ、『おわり』に向けて筆者が最も言いたいことを読み手に伝えるための論理展開が工夫されていることも分かるぞ」といった読み取り方に関する知識である。

条件的知識とは、読み手が新しいテキストを目の前にしたときに、以前学んだ宣言的知識や手続き的知識を想起して、それを活用しながら、新たな宣言的知識や手続き的知識を形成していくうえで欠かすことのできない知識である。

たとえば、「今から新しい説明的文章を読み取っていくけれども、この説明文はこれまで読んだ説明文よりも複雑だなあ、どうやって読めばよいかなあ、そうだ、三年生のときに学んだ『すがたをかえる大豆』では、説明文は『はじめ』『なか』『おわり』の大きな構造でつかむと読み取りやすいと学んだので、その知識を使って『はじめ』の部分、『なか』『おわり』の部分を捉えよう。これは捉えられそうだ。それから、『すがたをかえる大豆』では、『おわり』の筆者が一番読み手に伝えたいことを伝えるために、『なか』に事例が九つあったぞ。この説明文ではいくつの事例があるのだろう。しかも、『すがたを変える大豆』では、『おわり』を読み手に分かるように伝えるために、事例の順序に工夫があったぞ。この説明文の論理展開はどのように工夫されているだろうか。あれ、順序というよりも、『どうぶつの赤ちゃん』で勉強した比較の論理が使われているようだ。でも『どうぶつの赤ちゃん』とは違って、大きな比較の中に小さな比較がされているぞ、なぜだろう？」というように、これまで学んできた宣言的知識や手続き的知識が働いて、新たな情報との間で対話が引き起こされていく。河野（2006）（2017）は、メタ認知の育成には、他者とのかかわりを通したメタ認知的経験を通して、子供の見方・考え方が揺さぶられ、メタ認知的知識が再構成されることを明らかにしている。特に「批評読みとその交流」では、他者との交流を通して、子供の中に葛藤や切実な自己内対話が引き起こされることによって、先に述べたような条件的知識を効果的に育成していくことができることを明らかにしている。

　今後、こうした観点からの説明的文章の学習指導の進展が期待される。

（河野順子）

引用・参考文献
河野順子（2006）『〈対話〉による説明的文章の学習指導～メタ認知の内面化の理論提案を中心に～』風間書房
河野順子（2017）『質の高い対話で深い学びを引き出す小学校国語科「批評読みとその交流」の授業づくり』明治図書
三宮真智子編著（2008）『メタ認知～学習力を支える高次認知機能～』北大路書房
間瀬茂夫（2017）『説明的文章の読みの学力形成論』渓水社
鶴田清司（2017）『授業で使える！論理的思考力・表現力を育てる三角ロジック根拠・理由・主張の3点セット』図書文化

❹説明的文章指導の方法

　解説の「C　読むこと」の領域構成では、学習過程として「考えの形成」「共有」が示された。「ここに示す学習過程は指導の順序性を示すものではない」としているが、説明的文章指導の方法の観点としては意識しておいてよい。以下では、「構造と内容の把握」と「精査・解釈」の項目に即して、説明的文章指導の方法のうち基本的なものについて述べることにする。

1)「構造と内容の把握」に関して

(1) 題名読み

　教材文との出合わせ方、直感的に内容を把握する読み方として「題名読み」がある。文字通り本文を読む前に、文章の題名だけから、どのようなことが、どのように書かれているか予想するというものである。疑問に思ったことを述べることも含まれる。例えば「すがたをかえる大豆」（光村、3年）であれば、「大豆から豆腐ができることが書いてあると思う」「大豆が姿を変えるってどういうことだろう」などのように自由に書いたり話し合ったりする。このように題名を読むことの効果としては、本文を通読するに当たって興味や関心を喚起すること、自分や仲間が予想した事柄が書かれているか、書かれていたとしたらどのように述べられているかなど、読みの構えづくりに資することなどが挙げられる。

　題名読みは、通常私たちが書店で本を見たり探したりする際に行っている行為でもある。書名（題名）の情報だけから、自分が今必要としている本かどうか、手に取って中身を確かめるかどうか判断している。こうした読書行為、読書技術につながるものとしても取り入れるようにしたい。

(2) 文章のあらましを捉える読み

　文章を通読した際、何が、どのように書かれているのかあらましを捉えることは、読みの力、読み方として大切である。また、筆者の主張は何かについて

把握することも必要である。そのためには、文章の基本的な構造とそれぞれの部分が有している特質を知っておかなければならない。

　説明的文章教材の多くは「はじめ―中―終わり」（高学年は「序論―本論―結論」）という構造になっている。「はじめ」ではこれから説明することの一部（または結論）や問題（疑問）が、「終わり」では説明してきたことについてのまとめや設定した問題（疑問）についての答え、筆者の主張が述べられる。間にある「中」の部分では、「終わり」に書かれているまとめ、答え、主張を導き出すために（つまり読者を納得させるために）事例を置いて論を展開している。こうした各部分の特質を知っていると、この枠組みに即して「どんなことを述べていくのだろう」「筆者の主張は何だろう」というふうに読み進めることができる。

　「何について書かれた文章ですか」「本論はどのあたりで、いくつの例が挙がっていますか」「結論はどのあたりからでしょうか」などの問いによって、文章の大体の内容と構造をつかむことを、本文を精しく読む活動に先立つ通読段階で行っておきたい。（ただし各部分の区切り箇所の決定は、この段階では厳密にせず、暫定的なものとしておく。精読した後で再確認すればよい。）

2）「精査・解釈」に関して

　説明的文章を精読（精査・解釈）する方法としては「確認読み」と「批判的読み」の二つがある。

(1) 確認読み

　確認読みとは、森田（1998）によると、何が、どのように書かれているのかを確認するための読みである。教師は「どんなことが書かれているか」（内容）、「どのように書き表されているか」（形式）を問うことになる。

　「すがたをかえる大豆」（3年）では、「はじめ」の部分で、大豆は「多くの人がほとんど毎日口にしているもの」であり「いろいろな食品にすがたをかえていること」が示される。そして、「かたい大豆」を「昔からいろいろ手をく

わえて、おいしく食べるくふうをしてき」たことが述べられる。これを受けて続く「中」の部分では、五つの「くふう」が順次説明される展開を取っている。確認読みでは、それぞれのおいしく食べる工夫はどのようなものか（内容）を確かめることが基本となる。

　その際、大事にしたいのは子供自身が既に有している知識や経験をもち出し、述べられている「くふう」を具体化して説明するよう促すことである。「大豆をその形のままいったり、にたりして、やわらかく、おいしくするくふう」についてなら、「いると、豆まきに使う豆になります」という本文の叙述とつなげて、「豆まきのときに食べたことがある。ちょっと硬いけど噛み砕くとこうばしかった」のように具体的に説明できればよい。

　形式面での確認読みでは、たとえば「大豆にふくまれる大切なえいようだけを取り出して、ちがう食品にするくふう」によって作られる「とうふ」は、どのような手順でできあがると書いてあるだろう」と問う学習になる。「一ばん水にひたす」「すりつぶす」「中身をしぼり出す」などの言葉で表されている各工程での作業内容を具体的に説明させたい。

(2) 批判的読み

　もう一つの読み方である批判的読みは、クリティカル・リーディングとも呼ばれる。これまでにも批判読み、評価読み、吟味読み、批評読みなどの言葉でも論じられ、実践されてきた。森田（1998）は「評価読み」という語を用いて、いずれも「筆者は」という主語に続ける形で「なぜ、そのようなことがらを取り上げたか」「なぜ、そのように表現したか」「なぜ、そのような論理を創造したか」を問う読み方であるとした。簡潔に、内容、表現、論理について「なぜ（筆者は）」と問う読みと言ってよい。

　「すがたをかえる大豆」では「なぜ筆者は、最初に炒り豆と煮豆から紹介して、きなこ、豆腐……という順番で書いたのだろう」という問いが考えられる。また一つの段落に一つの「くふう」が当てられて説明されているが、きなこだけが極端に文章量が少ない。こうした説明の分量に着目して「筆者は、な

ぜきなこだけをこんなに少なく書いているのだろう」や「筆者は、なぜこのように分量を変えて書いているのだろう」のように問うことができる。

　批判的読みのもう一つの読み方は、筆者の主張や考え方、表現の在り方について自分の考えを形成するというものである。筆者について「なぜ筆者は……」と推論したことに対して、読者としての自分はどのように考えるか表出する読み方である。「すがたをかえる大豆」の場合、「終わり」の部分で筆者は「大豆のよいところに気づき、食事に取り入れてきた昔の人々のちえにおどろかされます」とある。この表現について、たとえば「『ちえにおどろかされます』というのは大げさな言い方ではないか」と問い掛けることになる。

　こうした批判的読みは、玉石混交の情報が溢れている現代社会においては必須の読み方となる。吉川（2017）では、批判的読みの基本的なあり方を、読みの目的・ねらい（筆者の発想の推論、自分の考え・論理の形成）、読み・検討の観点（必要性、妥当性など）、読み・検討の対象（内容・特質、種類、順序など）を関連づけるものとして構造化し提示している。

（3）論理的思考力を働かせた読み

　確認読みであれ批判的読みであれ、質の高い「精査・解釈」をするには、「比較」「分類（類別）」「順序」「原因・理由」等の論理的思考力を働かせて読むよう導くことが重要である。「すがたをかえる大豆」にある五つの「おいしく食べるくふう」を三つのグループに分けられないか検討する学習活動では、全部の工夫を「比較」した上で、素材そのものを味わう工夫、素材の違ったよさや味わいを引き出す工夫、両者の中間としての工夫のように「分類（類別）」することになる。どのような順序で並べてあるかを検討する学習活動を設定しても、工夫相互を「比較」し「分類（類別）」する思考は働く。

（吉川芳則）

引用・参考文献
吉川芳則（2017）『批判的読み（クリティカル・リーディング）の授業づくり―説明的文章の指導が変わる理論と方法―』明治図書
森田信義（1998）『説明的文章教育の目標と内容―何を、なぜ教えるのか―』溪水社

V

初等国語科の歴史

1. 明治期

　日本の近代教育の制度的な始まりは、明治5年の「学事奨励に関する被仰出書」と「学制」とにある。「学制」に示された国語科に関する科目は「綴字（カナツカヒ）」「単語（コトバ）」などであった。翌月の「小学教則」では、より具体的な学習方法が示され、その後の改正の中で国語科に関する科目も変化、整理された。1891（明治24）年11月の「小学校教則大綱」では、「読書及作文ハ普通ノ言語並日常須知ノ文字、文句、文章ノ読ミ方、綴リ方及意義ヲ知ラシメ適当ナル言語及字句ヲ用ヒテ正確ニ思想ヲ表彰スルノ能ヲ養ヒ兼ネテ智徳ヲ啓発スルヲ以テ要旨トス」と述べられ、国語科成立の基礎がほぼ固められた。ここまでを「明治前期」と区分できよう。

　教授法の面では、子供の素質を子供自身で開発発展させるというペスタロッチの教育思想に立つ開発主義教育の代表である若林虎三郎・白井毅『改正教授術』（明治17年）、明治20年代の五段階の教授法、それを批判的に捉えた樋口勘次郎『統合主義新教授法』（明治32年）などが主要なものであった。一般的な各科教授法を、国語科へも適用しようとした時期である。

　明治後期の起点は、明治33年8月の「小学校令」改正と「小学校令施行規則」によって「国語」科の名称が用いられたところにある。西尾実が明治期を「語学教育的教授法期」と位置付けるように、「小学校令施行規則」や、明治37年から使用が開始された第一期国定教科書（イエスシ読本）にも語学的傾向がみられた。明治40年の「小学校令」改正で義務教育が6年に延長され、明治43年には第二期国定教科書（ハタ・タコ読本）が発行された。

2. 大正期・昭和戦前期

　明治末期に端を発する教師中心の注入主義や、形式的・画一的な教授法への批判は、大正期に入り、児童中心、活動重視の考え方を生み出した。「随意選

題」を提唱する芦田恵之助『綴り方教授』(大正2年)はその一つである。一方、保科孝一『国語教授法精義』(大正5年)は、教材の研究に重点を置いたものであった。

　西尾実は、大正期から昭和10年ごろまでを「文学教育的教材研究期」と位置づけた。大正7年に創刊された『赤い鳥』や、「大正デモクラシー」「大正自由教育」の風潮が、国語科教育にも影響した時期であった。大正7年発行の第三期国定教科書『尋常小学国語読本』(ハナ・ハト読本)には、子供本位の教材や文体がみられるようにもなった。垣内松三『国語の力』(大正11年)は、形象理論によって読みの本質を究明しようとするものであり、国語教育の理論的基盤をつくった。教師による指導論の研究・実践も進んだ。

　昭和期に入っても、このような流れは継続され、多様な指導理論・指導法が提起された。西尾実『国語国文の教育』、石山脩平『教育的解釈学』、飯田恒作『綴る力の展開とその指導』などがある。

　昭和8年に発行された第四期国定国語教科書(サクラ読本)は、センテンスメソッドを採用し、子供の心理発達を重視したものであったが、国家主義的色彩の強い教材も含まれるようになった。昭和16年に、小学校は国民学校となり、国語科は、国民科の一つ(国民科国語)となった。第五期国定国語教科書(アサヒ読本)によって展開されたこの時期の教育は、子供の発達段階や、話し言葉への着目などにみるべき点もあったが、国家主義的傾向と時局の悪化とで、その結実をみることはなかった。

3. 昭和戦後期

　昭和20年の敗戦後、日本の教育がひとまずその体制を確定させたのが、昭和22年4月の、教育基本法・学校教育法の公布である。国民学校はふたたび小学校となり、新制中学校・高等学校へと続く六三三制が定められた。この年から使用が開始された第六期国定国語教科書(みんないいこ読本)と、12月に発行された「昭和二十二年度(試案)学習指導要領国語科編」が、国語科の

内容と方法の大枠を規定することになった。「参考一」として示された単元学習は中学校のものではあったが、この時期の経験主義的な学習指導法として、実践的に追究されることとなった。

昭和33年告示の「小学校学習指導要領」では、目標の整理と重点化が図られた。これは「系統主義」とよばれる当時の傾向を反映したものである。「思考力を伸ばし」と目標に明記されたことは、学力調査の結果や、この学習指導要領の改訂の主眼である「基礎学力の充実」を受けたものといえる。昭和43年告示では、さらに精選が図られ、系統性が意識された。読書指導が実践的な課題ともなった。「教育内容の科学化・現代化」をうけ、読書の対象は必ずしも文学的文章には限定されなかった。「情報化」もこの時期以降、注目された。

昭和52年告示では、それまでの言語活動を軸にした領域構成から、「言語事項」「表現」「理解」へと転換された。このことにより、「表現」と「理解」を関連させた「関連指導」「読み書き関連指導」が実践的に追究されることになる。「落ちこぼれ」を生むことになった「詰め込み教育」への反省も、この時期になされた。

学習指導要領の他に着目すべきは、「論争」と、実践的研究の展開である。前者には、「文学教育・言語教育論争」「作文・生活綴り方論争」などがあり、後者には、生活綴り方の戦後の「復興」や、民間教育研究団体による、学習指導要領への対案、あるいは新たな内容や領域および指導過程の提案が挙げられる。いずれも、国語教育の深化と拡充に大きな役割を果たした。

平成元年告示では、目標に「思考力や想像力」が加えられ、「表現」「理解」「言語事項」で構成された。平成10年告示では、「話すこと・聞くこと」「書くこと」「読むこと」「言語事項」という構成になった。このような構成と配列が、音声言語教育への関心を高めることにもなった。また、「自ら学ぶ意欲」や「社会の変化に主体的に対応できる能力」が重視され、これらは後に「新しい学力観」とよばれた。また平成3年の指導要録改訂では、「国語への関心・意欲・態度」の項目が国語科の「観点別学習状況」の第一に置かれたことから、情意的学力とその評価も実践的な関心をよんだ。平成10年版に「伝え合

う力」が目標として加えられたことは、子供のコミュニケーション能力とその育成を実践的課題として意識させることになった。

　OECDによるPISA調査（PISA2003）の結果の公開や、文化審議会答申『これからの時代に求められる国語力について』（いずれも平成16年）は、「読解力」およびその育成方法の見直しと拡張を迫るものとなった。平成19年から実施された「全国学力・学習状況調査」や、平成20年告示の『小学校学習指導要領』は、それらを踏まえ、今後育てるべき国語学力を示したものとなっている。「言語活動の充実」の方針は、全教育課程で育成する「言葉の力」と国語（科）学力との関係を捉えなおすことにもなった。平成29年告示『小学校学習指導要領』の目標・内容の再構成や、「資質・能力」「社会に開かれた教育課程」「言葉による見方・考え方」への注目も、それに連なるものである。

（河野智文）

引用・参考文献
井上敏夫、倉澤栄吉他編『国語教育史資料』（1981）東京法令出版
倉澤栄吉他編（1981）『近代国語教育論大系』光村図書、1975年より。
文部省（1972）『学制百年史』（文部科学省ホームページで閲覧可）
西尾実（1951）『国語教育学の構想』筑摩書房

VI
国語科教育の現代的課題

1. カリキュラム・マネジメント

1）カリキュラム・マネジメントが重視される背景

　カリキュラム・マネジメントは、「平成29年告示小学校学習指導要領総則」において、「児童や学校、地域の実態を適切に把握し、教育の目的や目標の実現に必要な教育の内容等を教科等横断的な視点で組み立てていくこと、教育課程の実施状況を評価してその改善を図っていくこと、教育課程の実施に必要な人的又は物的な体制を確保するとともにその改善を図っていくことなどを通して、教育課程に基づき組織的かつ計画的に各学校の教育活動の質の向上を図っていくこと（以下「カリキュラム・マネジメント」という。）に努める」と述べられ、これは国語科の総説にも引用されている。

　「平成29年告示小学校学習指導要領国語科」（以下、本節においては「学習指導要領」とする）の改訂の基本方針の中でも、「④各学校におけるカリキュラム・マネジメントの推進」として「各学校においては、教科等の目標や内容を見通し、特に学習の基盤となる資質・能力（言語能力、情報活用能力、問題発見・解決能力等）や現代的な諸課題に対応して求められる資質・能力の育成のためには、教科等横断的な学習を充実することや、「主体的・対話的で深い学び」の実現に向けた授業改善を、単元や題材など内容や時間のまとまりを見通して行うことが求められる。これらの取組の実現のためには、学校全体として、児童生徒や学校、地域の実態を適切に把握し、教育内容や時間の配分、必要な人的・物的体制の確保、教育課程の実施状況に基づく改善などを通して、教育活動の質を向上させ、学習の効果の最大化を図るカリキュラム・マネジメントに努めることが求められる。」と述べられている。

　学習指導要領では、1年間あるいは数年間の学びを通時的に、あるいは教科

横断的な学習を共時的に見通して行うことを求めている。同時に授業改善や教育活動の質を向上させて学習の効果を上げるように求めてもいる。新学習指導要領では、教科の目標と内容を示しただけではなく、より踏み込んで学習指導の方法にも言及しているのである。

2）カリキュラム・マネジメントとは何か

　日本語で教育課程と訳される。カリキュラムは、教師の側から言えば、教育内容を選択し、組織したものである。子供側から言えば、子供の学びの履歴であり、学習の総体である。カリキュラムは計画だけではなく、実際に実施されなければ、ルーティーンで行っている年間指導計画の作成で終わってしまい、まさに絵に描いた餅となってしまう。

　カリキュラムは作成されたのち、どのように活用されるのであろうか。

　カリキュラム・マネジメントでは、PDCA サイクルが重視されている。これは、Plan（計画）Do（実行）Check（評価）Act（改善）の略である。カリキュラム・マネジメントとは、カリキュラムを計画するだけでは不十分であり、それを確実に実行し、評価を行い、カリキュラムを改善する過程なのである。同様に学習指導要領でも評価や改善の文言が見られることから、これらの過程を重視していることがわかるだろう。

3）教育課程（カリキュラム）の評価

　PDCA サイクルのうち、具体的な年間指導計画を立てて、単元計画を作成し、実際に授業を行うことは比較的容易に想像することが出来るだろう。では、カリキュラムを評価するとはどのようなことなのだろうか。

　カリキュラムの評価に関しては様々な方法があるが、教師が実際に国語科の授業を行う中で実行できるカリキュラム評価の方法は子供たちに言葉の力が付いたかどうかで評価する方法である。学力テストや単元テストも一つの方法である。しかし、ペーパーテストには限界があり、言葉の力の一つの側面しか測ることができない。また、テストのタイミングも学期や単元の終了時に行われ

ることが多い。言語活動による指導を実施する中で、頻々と形成的評価を行うことがのぞましい。言語活動を指導の方便とのみ考えるのではなく、子供たちの言葉の力を実の場に即して、総合的に捉えられるツールとして利用し、評価にも活用することで、単元計画の見直しや指導法の改善に役立てることができる。

　評価は成績をつけるために行うものではなく、カリキュラム・マネジメントの観点から言えば、指導の改善のための材料を求めて行うものである。

4）授業改善との関連

　年間指導計画を作成する（P）だけではなく、実施した結果（D）、子供たちの言葉の力が育ったかどうかを検証して（C）、次の単元での指導法の改善（A）や教材の選択につなげていくことが、具体的な国語科でのカリキュラム・マネジメントといえる。

　年間指導計画で単元はいくつあるのか、どの単元でどの指導事項を指導するのか、子供たちは前の単元で何ができるようになり、何が十分できるようになっていないのか、などを検証し、指導計画を改善する。その際に、単元計画や言語活動の見本やワークシートなどをデータ化して保存し、学年団や教師全員で共有し、適宜見直すことができるようにしておくとよい。学校全体で共有すれば、6年間を見通して指導を考えることができる。

　現在の国語の教科書は他教科との関連を意識して単元の配列がなされている。国語科で調べたことをまとめる方法を学んだ後に社会科などの単元で実際に調べたことをまとめて能力を定着させるという方法もある。インタビューの方法や手紙の書き方など他の教科学習において活用できる単元が国語科の教科書の中には多くある。どのように活用したかなどの情報も、学校内で共有するとよい。

（浮田真弓）

引用・参考文献
田村知子編著（2011）『実践・カリキュラムマネジメント』ぎょうせい
田村知子（2014）『カリキュラムマネジメント―学力向上へのアクションプラン―』日本標準
田村知子・村川雅弘・吉富芳正・西岡加名恵編著（2016）『カリキュラムマネジメント・ハンドブック』ぎょうせい
田中耕治編（2018）『よくわかる教育課程』ミネルヴァ書房

2. 国語科における問題解決学習

1）国語科における問題解決学習で何を重視するか

　いま、「問題解決学習」と聞いたとき、その実践をいかように行うか模索のさなかにあるといえるのは、少なくとも小学校の場合、国語科ではなく、むしろ、特別の教科となった道徳であろう。道徳的な問題に向き合った子供が、当該の問題の解決策を練り上げ、あるいは合意形成を図るための方法論が、近年議論されているところである。

　もちろん、平成29年告示学習指導要領では、教科横断的に「主体的、対話的で深い学び」が重視されているので、小学校国語科においても問題解決型の学習が求められている。ただし、道徳のように、直接問題解決を行う授業展開を考えることが第一というわけではなく、むしろ「読む、書く、話す、聞く」領域のなかで、問題解決の基盤となる能力を育むこと、あるいは、その問題解決の「過程」が重視されているのである。

　白石（2015）では、その授業で価値ある問いを生み出し、その問いに対する子供の応答のズレから議論が展開する授業づくりをすることが、問題解決学習の第一歩だとしている。確かに、問題解決学習のためには、最初の問いが重要である。しかしながら、いま小学校国語科の学習指導要領が求めているのは、むしろ、問いを考えるための子供同士、あるいは教師と子供の協働という、問題解決学習のための基盤である。

2）問題解決学習の基盤をどのように作るか

　では、「協働」のために、国語の教室でできることとは何であろうか。戦後の日本における「問題解決学習」の来歴を簡単に振り返りながら考えてみた

い。問題解決学習が導入されたのは、いうまでもなく、デューイの思想が紹介されたことによる。ここでデューイの思想を詳らかにすることはできないが、彼の深めたプラグマティズムが、ある事象や言葉などに特定の意味を付与することではなく、個々の状況において、人々がどのように意味を「構成」したのかに注目した思想であったことだけは、確認しておこう。デューイは、人々がコミュニケーションをしながら、当該のコミュニティにおいて意味を共有していくのだと考えたのである。

しかしながら、鶴見（1961）が、デューイはコミュニケーションで意味の共有がなされる側面のみをみて、ディスコミュニケーションを無視していると批判しているように、意味の共有がなされることを前提とすべきではない。また、その鶴見の批判をとりあげた吉見（2018）が「コミュニケーション重視は、時として同調圧力を生じさせ、集団から自立した個我を殺してしまう」（p70）と述べているように、「教室」という場で望ましい結論、まとめありきで「問題解決」に取り組むことは、とりわけ「一つの答え」が似つかわしくない国語科においては問題である。

だとすれば、協働においてまず考えるべきは、意味の共有が簡単には成しえないということを自覚し、相手の伝えようとしていることを汲み取ろうとすることにある。「主体的な学び」と聞くと、直ちに子供が主体的に調べたり、調べたことを発表したり、ということが想起されるが、協働のために必要なのは、表現主体に関わることではなく、相手が表現したことを汲み取る能力である。

たとえば、特別支援教育の現場に行けば、教師にこうした能力は直ちに必要になる。以前稿者が参観した知的障がいのある子供が学ぶ教室では、自分の考えを表明できない子供に対し、教師が、子供の断片的に表現された言葉から、彼らの伝えようとしていることを汲み取ろうとしていた。また、周囲の子供にもそうした教師の姿勢が伝わっていた。教師がまず汲み取ろうとする姿勢をとることで、子供も、相手の伝えようとしたことを汲み取ろうとするようになるのではなかろうか。

教室における日々の実践からも、少しずつこうした協働が生まれるが、近年、意識的に教室で子供が協働で考え、探究する力を養おうとする試みが広がりつつある。哲学対話（子ども哲学）やインプロ（即興演劇）が、その代表である。

　例えば、井谷（2017）は、インプロの活用によって、ヘルバルトやその系譜の人びとが論じた「教育的タクト」が養われると述べている。たしかに、即興的な対応が求められるインプロをするなかで、そうしたタクトが磨かれていくのであろう。インプロは、演劇的に、言い換えれば、虚実のあいだに遊びながら、相手の断片的な言葉や身振りなどから、そのメッセージを汲み取る（意味付ける）姿勢を育むためには、有効である。

　ただし、重要なのは、即興的に「表現する」ことに重きを置くのではなく、即興的に表現された言葉など（即興的であるので、その表現の不定性はおのずから高くなる）を「汲み取る」のに意識的になることである。従来の哲学対話やインプロの実践では、心理的に安全で、表現しやすい環境を整えることが重視されるので、表現されたことをどう受け取めるかということに、あまり目が向けられていなかった。表現するだけでは協働はできない。

　国語科でインプロを導入しながら、相手の伝えようとすることを「汲み取る」のに意識的になることで、私たちは言葉の表現がそもそも有する不定性を自覚し、言葉そのものが有する限界を経験的に知ることができる。そして、そのなかで、国語科の問題解決学習が始まることになるだろう。

（渡辺哲男）

引用・参考文献
白石範孝（2015）『小学校 国語授業でもできる問題解決学習 実践モデル』学事出版
鶴見俊輔（1961）『折衷主義の立場』筑摩書房
吉見俊哉（2018）『現代文化論―新しい人文知とは何か』有斐閣
井谷信彦（2017）「教師のタクトと即興演劇の知」矢野智司他編著『臨床教育学』協同出版

3. 国語科における協働学習

1）協働学習とはなにか

　協働学習に似た意味の言葉に、共同学習と協同学習がある。この二つと比べながら、協働学習とはどのような学習であるか考えてみる。

　共同学習は、同じ条件で対等に活動に参加する場合の全てを含む概念である。広辞苑第七版では、「共同」を「二人以上の者が力を合わせること」「二人以上の者が同一の資格でかかわること」と説明している。このように共同学習は広い概念であり、特定の学習形態を指すものではない。

　協同学習は、共同学習よりも協力の度合いが強いと説明され、特定の学習形態を指すことが多い。また、他者と協力する技能や協同学習のよさに気付くことを意図する活動であると説明する場合もある。杉江（2011）によると、ジョンソン兄弟（2001）も、協同学習には「対人技能や小集団の運営技能」や「促進的相互依存関係」など五つの基本的構成要素があると述べているという。「促進的相互依存関係」とは、グループの全員が互いになくてはならない存在と認め合っている関係ということである。

　協働学習について舘岡（2005）は、「一人ひとりの発想の総和を超えた全く新しい創発が起きうる」ものとしている。また坂本（2008）は、協同学習が明確な目標や組織を必ずしも必要とせず、比較的短期間のインフォーマルな協力関係で、互いのリスクも少ないのに対して、協働学習は共通の目標に向かって全力を傾ける組織をもち、協力関係は持続性があり、目標達成のために資源や労力を持ち寄っている分、リスクも大きいとしている。

　以上の三つは、学習を個人的活動ではなく社会的な相互作用であると捉える「社会的構成主義」に立脚するという点で共通している。

2）なぜ協働学習が求められるのか

　近年、国際的な学力比較に関心が高まる中で、欧米の教育研究に一層目が向けられるようになってきた。前出のジョンソン兄弟は、学習到達度の平均は、個別的学習環境にいた学生や競争的学習環境にいた学生よりも、協同学習をした学生の方が高かったとの研究結果を示している。また、問題発見、問題解決の能力とともに、身の回りの他者と協働・共生していく人格の形成をも目的とする「総合学習」が注目されており、グループ学習や協働学習が取り入れられるようになった。

　お茶の水女子大学が行った文部科学省の委託研究（2014）では、「教育効果の高い学校での取組み」として「学級やグループで話し合う活動」や「学級全員で取り組んだり挑戦したりする課題やテーマを与えた」ことが挙げられている。また、PISA（OECD生徒の学習到達度調査2015）における「協同問題解決能力調査」においても、「異なる意見について考えるのは楽しい」とか「チームの方が1人よりいい決定をすると思う」といった項目に肯定的な解答をしている生徒が得点も高いという結果が報告されている。さらに、中央教育審議会答申（2016）において、人工知能の進化に対して人間がもつべき強みとして、「多様な他者と協働しながら目的に応じた納得解を見いだす」ことが挙げられ、社会や産業の構造が変化していく今後の社会を生きるために「他者と一緒に生き、課題を解決していくための力の育成」が必要であることが述べられた。

　こうして、平成29年告示の『小学校学習指導要領（平成29年告示）解説総則編』の「総説」の1の(1)「改訂の経緯」に、学校教育に求められることの一つとして「他者と協働して課題を解決していくこと」が挙げられるに至った。

3）どのように取り組むべきか

　「話すこと・聞くこと」の指導では、例えば、パネルディスカッションやシンポジウム、ポスターセッションなど複数で「話し合う」活動が協働に当た

る。これからは、尋ね合い、伝え合って共に創り上げるという態度を、一層重視する必要があるだろう。そのために、活動を観察して助言するモニター役を設けたり、動画撮影をして見直したりすることが有効であろう。

「書くこと」の指導では、古くから共同作文や共同批正が行われてきた。文章を書き上げていく過程で作業を分担したり助言しあったりするものである。単なる分担ではない協働学習としては、大内善一（2001）が提唱する「連詩」の指導がある。複数で対話しながらリレー形式で一つの文章を仕上げていくものであり、鑑賞と表現が同時に成立する活動である。

「読むこと」の指導では、読解指導においてグループで話し合うことが行われてきた。また近年は、読書指導においてもブッククラブやリテラチャーサークルの取組、読書へのアニマシオンなどの、「協働の読み」と言える実践が行われている。これを読解指導に応用することが有効と考えられる。

以上の全てにおいて、子供どうしの良好な人間関係を構築・維持することが基盤となる。誰もが間違いをおそれず自由に発言でき、互いにフォローし合う関係があれば、援助要請（Help Seeking）が活発化し、効果的な協働学習が行われるであろう。そのために教師は、活動を指示することや解答を教えることを控え、発問やヒント、助言、提案などによって、子供自らが考え、目標に到達することを促進（Facilitation）する姿勢で、指導に臨むべきであろう。

（成田雅樹）

引用・参考文献
杉江修治（2011）『協同学習入門』ナカニシヤ出版
舘岡洋子（2005）『ひとりで読むことからピア・リーディングへ』東海大学出版会
坂本旬（2008）『「協働学習」とは何か』Hosei University Repository
関田一彦監訳（2001）Johnson, D.W, Johnson, R.T, Smith, K.A（1991）『学生参加型の大学授業－協同学習への実践ガイド－』玉川大学出版部
大内善一（2001）『「伝え合う力」を育てる双方向型作文学習の創造』明治図書

4. 図書館活用

1）学校図書館の活用

（1）「平成29年告示小学校国語科学習指導要領」における学校図書館の位置付け

　「平成29年告示小学校学習指導要領」の第1節国語では、大きく分けて2点で学校図書館との関連について述べている。1点目は、「第3　指導計画の作成と内容の取扱い」の「1指導計画作成上の配慮事項」において、「（6）第2の第1学年及び第2学年の内容の〔知識及び技能〕の（3）のエ、第3学年及び第4学年、第5学年及び第6学年の内容の〔知識及び技能〕の（3）のオ及び各学年の内容の〔思考力、判断力、表現力等〕の「C読むこと」に関する指導については、読書意欲を高め、日常生活において読書活動を活発に行うようにするとともに、他教科等の学習における読書の指導や学校図書館における指導との関連を考えて行うこと。」とされているところである。2点目は、「第2　各学年の目標及び内容」の、内容〔思考力、判断力、表現力等〕の（3）C読むことの言語活動例のウに、学校図書館などを利用し、本などから情報を得て活用する言語活動を例示しているところである（表1）。

表1　C読むことの言語活動例

第1学年及び第2学年	第3学年及び第4学年	第5学年及び第6学年
ウ　学校図書館などを利用し、図鑑や科学的なことについて書いた本などを読み、分かったことなどを説明する活動。	ウ　学校図書館などを利用し、事典や図鑑などから情報を得て、分かったことなどをまとめて説明する活動。	ウ　学校図書館などを利用し、複数の本や新聞などを活用して、調べたり考えたりしたことを報告する活動。

（2）近年の学校図書館政策と学校図書館の3機能

　学校図書館法改正により、学校図書館司書教諭については12学級以上の学校に必置、学校司書については設置が努力義務となった。また、文部科学省は平成28年に「学校図書館の整備充実について」という通知を行い、別添の「学校図書館ガイドライン」と「学校司書モデルカリキュラム」を定めた。

　「学校図書館ガイドライン」では、「学校図書館は、児童生徒の読書活動や児童生徒への読書指導の場である「読書センター」としての機能と、児童生徒の学習活動を支援したり、授業の内容を豊かにしてその理解を深めたりする「学習センター」としての機能とともに、児童生徒や教職員の情報ニーズに対応したり、児童生徒の情報の収集・選択・活用能力を育成したりする「情報センター」としての機能を有している。」と3機能を示している。

（3）3機能から見た小学校国語科における学校図書館活用の課題

　3機能のうち、最もよく発揮されているのは「読書センター」機能であろう。読書指導の場になるためには、まず子供が読書をする資料が、学校図書館に所蔵されており、広く提供される必要がある。小学校の実態としては週に1時間を「読書の時間」と称し、学校図書館で読みたい本を選んで読むことに当てていることも多い。また、学校司書が読み聞かせ等、積極的に読書指導に関わっている例もある。平成29年告示の学習指導要領では、読書がC読むことではなく〔知識及び技能〕(3)我が国の言語文化に位置付けられている。

　「学習センター」機能としては、国語科の授業で学校図書館を使用することを考えたい。辞典を利用して語彙指導や漢字指導を行い、昔話や神話・伝承あるいは落語など伝統芸能の絵本、さらには古典作品を翻案した児童書など学校図書館の様々な資料を活用して、伝統的な言語文化に親しませたい。表1のC読むことの言語活動例にもあるように、学校図書館の「図鑑や科学的なことについて書いた本」「事典や図鑑」「複数の本や新聞」を活用する活動を国語科授業で行う。また、B書くことの授業で物語や記録や報告を書くのであれば、子供は多くの物語や記録の本を読んだ経験があるべきである。短歌や俳句を作っ

たり詩を書いたりするならば、短歌集や俳句集や詩集を読んだ経験が必要であるし、季語を確認するための歳時記も必要である。リーフレット形式で書く授業があるならば、学校図書館に様々なリーフレットが収集され、ファイリングされていることが望ましい。A話すこと・聞くことの授業でスピーチやインタビューをするのであれば、様々なスピーチやインタビューを視聴できるようにオーディオ資料が収集されるべきである。授業を想定して、学校図書館メディアを構成することがこれからの課題である。

　「情報センター」機能は、現在最も立ち遅れている。子供の情報の収集・選択・活用能力を育成することが喫緊の課題である。国語科においても、〔知識及び技能〕に「(2) 情報の扱い方に関する事項」が新設された。例えば、第3学年及び第4学年の指導事項に「イ　比較や分類の仕方、必要な語句などの書き留め方、引用の仕方や出典の示し方、辞書や事典の使い方を理解し使うこと。」とあるように、学校図書館の資料を引用したりその出典を示したりするような指導を行っていくことが必要である。

2）公共図書館の活用

　学校図書館だけで不十分な場合には、公共図書館も活用することを考えるとよい。自治体によっては学校図書館支援センターを公共図書館である市立図書館内に併設している場合もある。例えば新潟市では学校図書館支援センターが市内4か所にあり、スタッフの学校訪問、教諭・学校司書研修機会の提供、資料の学校貸出（団体貸出）を行っており、それらの市立図書館には教科書教材の出典図書、教科書掲載の関連図書の蔵書構築が充実している。

　公共図書館の活用の課題は、自治体によって格差があるということであろう。しかし、制度化されていない場合でも、教師が公共図書館の資料を国語科の授業で使用する例は増えてきている。さらに公共図書館だけでなく、豊かな言語環境を提供している公民館・美術館・動物園・市役所など様々な公共施設を活用して、充実した国語科教育を実現したい。

（足立幸子）

5. メディア・リテラシー
―媒体の特徴だけでなく、その仕組みや社会・文化的な意味についての学習の重要性―

　メディア・リテラシーという観点から、平成29年告示小学校学習指導要領の下で、これまでの学習に加えどういった取組を行っていく必要があるのかを述べる。

1)「情報の扱い方に関する事項」と関連させた学習の展開

　前章まででも言及されているように、学習指導要領では、〔知識及び技能〕に「情報の扱い方に関する事項」が新設された。また、『小学校学習指導要領解説（平成29年告示）国語編』では、「急速に情報化が進展する社会」を背景に、「様々な媒体」から「必要な情報」を取得し、情報相互の「関係」を「整理」して、「発信したい情報」を「様々な手段で表現」できる能力の育成が求められている。この記述にメディア・リテラシーの観点を重ねて考えてみると、次のような学習が、これまで以上に必要とされていることが読み取れる。(1)「様々な媒体」を選択、組み合わせて、「必要な情報」を取得する学習。(2) 複数の情報相互の「関係」を検討・「整理」して、「必要な情報」「発信したい情報」を見究める学習。(3) 情報を入手するだけでなく、「自分のもつ情報を整理」して、取得した情報との関係を明らかにすることによって、「適切に表現」する学習。そこで、これら（1）～（3）に関連させて、国語科教育の現代的な課題や必要な取組を述べる。

2) 媒体の特徴だけでなく、その仕組みの学習も重要

　まず、前項（1）（2）の「必要な情報」の見究めや検索、取得について考え

てみよう。周知のように、昨今多くのソーシャル・メディアが利用者の嗜好や多様な領域ごとに分化し、独自のサイトやコミュニティーを形成している。また、テレビも多チャンネル化し、膨大な選択肢から選んだ番組を、様々な受信装置や媒体を用いて見る時代となっている。このような状況において、主体的に必要かつ的確な番組やサイト、さらにはそれらからの情報を選択する力の育成は、家族や各人の努力に帰すだけでは難しい。例えばインターネットを利用した検索は、検索者の既有の知識や信念、傾向性によって偏る傾向がある（ホッブス , 2015）。また、各サイトの信憑性もまちまちである。したがって、今後に向けた取組としては、人間の情報処理や検索過程の特性、媒体の仕組み等を、メタ的に吟味・検討する学習が必要になると考えられる。

　米国のメディア教育研究者ホッブスは、今後必要とされる学習として、「出典比較チャート」づくりの教育実践を提案している。これは、子供が決めた課題について、最も信頼できる情報源から信頼できないものまで、順に10の情報源を並べたチャートを作る実践である。そして、子供にその10の情報源について、各々次のことも行うよう指示する。「1. 要約し、言い換える。あるいはもとの文から情報の大事な語句を直接抜き出す。2. 正しく整理した引用をつくる。3. なぜこれが信頼できる、あるいはできないとランクづけしたのかを説明する。（ホッブス，2015）」

　この実践の過程では敢えて信憑性の低いサイトや個人のホームページも検索・検討させる。また、高学年では、情報処理の効率を上げるために、「ヒューリスティック」という人が自然に行ないやすい「知的近道」という概念を教示し、Twitterのフォロワー数やネットフリックスの格付け等を例に、こういった仕組みを検討させる実践も行っている。さらに、「不完全な情報しかもたない人たち」に起こりやすい「情報カスケード」と呼ばれる横並び行動についても、使用する映像を慎重に選び、学習させることが可能である。現代のメディア状況を考えた時、こういった私たちが無自覚に行なっている検索や検索システムの仕組み、視聴行動や情報の受容過程のメカニズムを、子供が関心をもてるテーマに引きつけ、意識的に検討させる学習が必要とされてきている。

3）視覚情報も活用して「適切に表現」する学習の重要性

　次に、前項（3）の「適切な表現」の学習について考えてみよう。かつて菅谷（2000）がメディア・リテラシーの定義を行った際に、「クリティカルに読み取る」だけでなく、「メディアを使って表現していく能力」（菅谷, 2000）をも射程に含めたように、新学習指導要領の「情報の扱い」においても、「表現できる」ところまでを視野に入れた学習が重要視されている。そして、こういった学習では、「情報化やグローバル化」に伴い、多様な背景をもつ人々に向けた効果的な表現と、そのための視覚的なテクストの有効な活用が重要性を増している。この視覚的なテクストを含む表現の学習を、対話的にそして「社会に開かれた教育過程」（文部科学省, 2017）として行うことが重要である。そして特に、視覚的なテクストの学習では、表象を介した社会・文化的な意味を、クリティカルに検討する学習が必要とされる。表象とは、「同じ文化に属する成員間において、意味を構築したりやり取りしたりする過程における、中核的な各人の頭の中にあるもの」と定義されている（Hall, 1996）。テクスト中に表現された服装や持ち物、表情やしぐさ、あるいはそれらの視覚的要素である色や形等が、どういった社会・文化的な意味を表象し得るのか、こういったことを絵本や玩具といった小学生でも分析しやすい学習材を工夫して、クリティカルで対話的な学習過程において、学ぶ授業が必要とされている。

　　　　　　　　　　　　　　　　　　　　　　　　　　　（奥泉　香）

引用・参考文献
菅谷明子（2000）『メディア・リテラシー　世界の現場から』岩波新書
中央教育審議会「幼稚園、小学校、中学校、高等学校及び特別支援学校の学習指導要領等の改善及び必要な方策等について（答申）」（2016年12月21日）
ルネ・ホッブス著, 森本洋介、和田正人監訳（2015）『デジタル時代のメディア・リテラシー教育』東京学芸大学出版会
Hall, S.（1996）Encoding/Decoding: Culture, Media, Langerage: Working Papers in Cultural studies, London: Routledge.

6. デジタル教材（ICT活用）

1）デジタル化された情報に応じる思考

　デジタル教材とは「教育目標の実現のためにデジタル化された学習素材と学習過程を管理する情報システムを統合したもの（山内　2010）」と定義されるものである。また、ICT活用とは、先の定義にいう情報システムをいかに利用するかという教育方法についての一論点である。この教育方法においては、構成主義的な学習の設計と実施が目指されるべきであることが、しばしば指摘される（水越敏行ら2008）。相互依存の関係にある人と人とのコミュニケーションを通じて、知識が獲得されるということを前提に、そのコミュニケーションの手段（道具）としてICTを捉えるべきであるという考えである。

　考えてみれば、例えば文字の学習にあたっても、黒板とチョークという道具で教師が見本を見せ、紙と鉛筆という道具で子供たちがそれを真似て書くという過程では、文字の形とその構成順序についての構成主義的な学習が行われているといえる。この過程ではすでに鉛筆の持ち方や力の入れ具合などの他の諸要素は捨象されているが、さらにこの過程がデジタル化された場合、正しい文字の形やその構成順序すら学習の対象ではなくなるかもしれない。システムが入力された文字を正しい形に自動変換することもありうるのである。このとき、文字を学習する際の思考はこれまでと随分変化すると予想される。

　スマートホンやタブレットの利用が生活に浸透するにつれ、文字意識だけでなく、生活意識や共同体意識までもそれ以前のものと変化しつつある。デジタル教材は、そうした意識との結び付きをどうひも解くかによって、活用の方向性が見いだされるものになる。デジタル化された情報とそれに応じる思考の様式とがどのような関係をとり結んでいるかという視点から、デジタル教材の活

用について考えていくことが必要である。

2）学習指導要領とデジタル教材（ICT 活用）

　平成 29 年告示小学校学習指導要領（以下、「学習指導要領」という）では、総則において、「情報活用能力の育成を図るため、各学校において、コンピュータや情報通信ネットワークなどの情報手段を活用するために必要な環境を整え、これらを適切に活用した学習活動の充実を図ること」が明示され、国語においても「内容の取扱いについての配慮事項」として、「児童がコンピュータや情報通信ネットワークを積極的に活用する機会を設けるなどして、指導の効果を高めるよう工夫すること」と示されている。また、『小学校学習指導要領（平成 29 年告示）解説　国語編』（以下、「解説」という）によれば、「情報化社会の進展を見据え、国語科の学習においても、情報収集や情報発信の手段として、インターネットや電子辞書等の活用、コンピュータによる発表資料の作成やプロジェクターによる提示など、コンピュータや情報通信ネットワークを活用する機会を設けることが重要」だという。具体的には、第 3・4 学年での「話すこと」の学習において発表の様子を録画して振り返ることや、「障害のある児童への配慮」として、「多様な表現方法が選択できるように」するための一つの選択肢として、ICT 機器の利用が想定されている。

　これらの具体的な活動は、単に活動を効果的に進めるという以上の意味をもつと考えられる。自身の発表の録画を見返すという活動は、そもそも自らがどのように他人から見られるかということに強い意識をもっている子供にとってその意義が強く感じられるものかもしれない。動画による私的なことがらの配信が自己表現として受け入れられる文化において、その活動は単に話す力のみが意識される活動ではないだろう。身に付けているものや小さな仕草の一つ一つに意識が向けられることも容易に想像できる。あるいは多様な表現方法の一つとしての ICT 機器の活用は、「障害のある児童への配慮」という文脈を超えて、表現の多様性に開かれた授業が実施されていくことにもつながる。当然それは、表現内容との関わりを強くもつものである。どのようなコンテンツがど

のようなメディア（媒体）で表現されることが最も効果的であるかという思考も、こうした活動の中には含まれてくるのではないだろうか。

　デジタル化された情報とそれに応じる思考の様式とがどのような関係をとり結んでいるかという視点からデジタル教材の活用について考えていくことは、こうしたことを視野に入れ、授業を練ることである。この点では、学習指導要領に新設された「情報の扱い方に関する事項」は、直接的にデジタル教材の利用に言及したものではないものの、授業においては思考の様相が可視化され共有されることを伴う点において、デジタル教材利用が適している可能性がある。実際、デジタル教科書においては、思考ツールとして、マッピング等を簡単に作成できるような教材を用意しているものもある。

3）これからの実践の開発に向けて

　学習指導要領の想定している活用の例はあくまでも一例である。それさえも実現が難しいと考える向きもあるが、問題として考えられるのはICT活用のスキルを教師がもっておくことや、教室におけるICT環境の整備に留まらない。最も注意しなければならないのは、あくまでデジタル教材は「教育目標の実現のために」活用されるものであって、デジタル教材の利用そのものが教育目標になるわけではないという一方で、教育目標の設定は学習活動の設定と不可分であるということである。デジタル教材を用いることを想定しつつ、国語という教科における教育目標を見いだすことは、アナログな教材では設定不可能な教育目標を見いだすことである。アナログなものを単にデジタルに置き換えるという発想では、むしろ授業で起きている現象の適切な把握を疎かにすることにつながりかねない。デジタル教材を用いることで可能となる国語の教育目標を見いだすことは簡単ではないが、大切なICT活用の視点の一つである。

（砂川誠司）

引用・参考文献
山内祐平編（2010）『デジタル教材の教育学』東京大学出版会
水越敏行・久保田賢一編著（2008）『ICT教育のデザイン』日本文教出版

7. 国語科教育とインクルーシブ教育

1）多様な身体・生活背景のある子どもたち

「インクルージョン」とは「包摂」や「包容」と訳される言葉であり、インクルーシブ教育とは、「多様性を包摂する学び」を意味する。インクルージョンの観点の導入を目指す国語科教育は、「多様性を包摂する言葉の学び」としての理論や実践の在り方が問われている。

多様性をめぐる概念は様々にあるが、「子どもの多様性」は、もっとも重要な概念の一つに位置付けられる。実際に、通常の学級には、多様な身体・生活背景のある子どもたちが在籍しているからである。

文部科学省による2012年の調査では、通常の学級に在籍する子どもの約6.5％に発達障害の傾向が見られると報告されている。また、電通が実施した「LGBT調査2018」によれば、8.9％が多様な性を生きる当事者であるとされている。外国とつながりのある子どもの在籍率は自治体によって差があり、在籍率として表示されない小学校もあるが、静岡県浜松市のように「外国人の児童生徒が全児童生徒数の1割から2割を占める」小学校もある（齋藤・池上・近田編 2015）。子どもの貧困率については、2016年に厚生労働省より13.9％と報告されているがこれも自治体で差があり、たとえば沖縄県では子どもの貧困率が29.9％と報告されている（沖縄県子ども生活福祉部 2016）。その他、数値には表れにくいものの、東日本大震災等による震災避難を生きる子どもたちが、いわれのない「いじめ」の被害にあっていることが報告されている（高瀬 2018）。

このように、既存のデータを並べただけでも、通常の学級には多様な身体・生活背景のある子どもたちが在籍していることが分かる。多様な性と国語教育

について研究する永田麻詠は、「学校という場において多様な性を生きる子供が直面する問題」として、「いじめの被害者という側面と、自殺リスクの高さ」や「言葉による暴力」の存在を指摘している（永田 2018）。永田の指摘は、上記に挙げた通常の学級に在籍する「社会的マイノリティ／権力弱者」に位置する、全ての子どもたちが直面する問題に通底している。

2）自身に価値を見いだせない子どもたち

もう一つのデータを見てみたい。国立青少年教育振興機構（2018）による「高校生の心と体の健康に関する意識調査」である。本調査は、「身体の活動、生活習慣、食生活、ストレスや人間関係のあり方などを通して、高校生の身体と心の健康の実態を把握する」ことや、「米国、中国、韓国と比較して、日本の特徴や課題を分析し、青少年の健康づくりに資する基礎データを提示する」ことを目的としている。

この調査結果では、通常の学級に在籍する子どもの実態を考える上で看過できない数値が公表されている。それは、「私は価値のある人間だと思う」という質問項目に対し、「そうだ」「まあそうだ」と回答した高校生の割合にある。米国83.8％、中国80.2％、韓国83.7％に対して、日本は、44.9％と突出して低い数値が出ている。2010年の調査では日本は36.1%であったため（米国89.1％、中国87.7％、韓国75.1％）、その割合には若干の増加傾向が認められるものの、半数以上の高校生が自身を価値ある人間だと思えていないことに変わりない。通常の学級に在籍する子どもたちの実態に置き換えると、この調査結果は、いわゆる社会的マイノリティだけでなく、マジョリティの側にいる子どもたちもまた、自身に価値を見いだせていないことを示している。そして、マイノリティの側にいる子どもたちは、さらに深刻な事態にある。

3）「多様性を包摂する言葉の学び」の実現にむけて

整理すると、次のようになる。通常の学級には、多様な身体・生活背景のある子どもたちが在籍している。その子どもたちの多くは、「いじめの被害者という

側面と、自殺リスクの高さ」や「言葉による暴力」などの直接的な被害にあっている。そして、多様な身体・生活背景の子どもたち「ではない」とされる、社会的マジョリティの子どもたちの半数以上も、「自身の存在に価値を見いだせていない」という点において、マイノリティの子どもたちと問題を共有している。

ここから、「多様性を包摂する言葉の学び」には、子どもたちそれぞれの内面を回復させる視座が不可欠であることが分かるだろう。なお、ここでの回復とは、精神保健領域におけるリカバリー（recovery）の概念を意味し、「疾患や症状がなくなることや機能が戻ることだけではなく、本人のくらしの回復、本人の主体性の回復が含まれ、元の地点に戻るというよりは、自分の送りたい人生やありたい姿へと近づくこと」を示す（宮本 2017）。通常の学級に在籍する全ての子どもたちが、「今ここ」を少しだけ生きてみてもいい、もう少しだけ楽しんでみてもいい、未来に少しだけ希望をもつ自分を認めてもいい、などと一瞬でも思えるようになるための、国語科教育の質的な転換が求められている。

今後、子どもたちにとってのリカバリー（recovery）の概念と、子どもたちの個々のニーズとをすり合わせていくことで、「多様性を包摂する言葉の学び」の理論と実践を具体化し、検証することが必要である。未来の子どもたちを見据えて長期的な視座で研究に取り組むことは当然必要だが、すでに通常の学級に在籍する子どもたちは時間が限られているため、短期的な視座のもとに授業を提案・検証していくことも欠かせない。

（原田大介）

引用・参考文献
沖縄県子ども生活福祉部（2016）『平成 27 年度沖縄県子どもの貧困実態調査（小中学生等）について』
齋藤ひろみ・池上摩希子・近田由紀子編（2015）『外国人児童生徒の学びを創る授業実践―「ことばと教科の力」を育む浜松の取り組み』くろしお出版
高瀬芳子（2018）「震災避難により地域を失った子どもたち」鈴木庸裕・新井英靖・佐々木千里編著『多文化社会を生きる子どもとスクールソーシャルワーク』かもがわ出版
永田麻詠（2018）「多様な性を生きる子どもと学校文化」鈴木庸裕・新井英靖・佐々木千里編『多文化社会を生きる子どもとスクールソーシャルワーク』かもがわ出版
宮本有紀（2017）「リカバリー――変革と実践のために」『医学のあゆみ』Vol.261 No.10、医歯薬出版

8. 国語科教育と日本語教育

1）国語科教育とは？日本語教育とは？

　国語科教育とは、一言で言えば、学校教育法施行規則に規定された教育課程上の「国語」という教科の学習指導のことである。よって、その学習者は多くの場合、日本語を母語とする子供である。これに対して日本語教育とは、日本語以外の言語を母語としてすでに獲得した学習者に対して行われるものである。よって、国語科教育に比べて、学習者や学習条件が多様である。

　国語科教育の学習者は、日本生まれの日本育ちの場合がほとんどで、ほぼ同じ就学年齢の集団で学習する。しかし、日本語教育の学習者は、出身地、つまり母語として獲得した言語も違えば、人生において学習をスタートするタイミングも様々である。また、国語科教育は義務教育として、小学校や中学校などの公教育機関で実施されるが、日本語教育は日本語学校、大学、ボランティア教室等でも実施されている。

　日本国内で行われる日本語教育はJSL（第二言語としての日本語教育）と呼ばれるが、国外で日本語教育が実施される場合には、JFL（外国語としての日本語教育）として区別される。JSLとJFLは、日本語母語教師の数、教材の確保の困難さ、学習者の日本語と接する機会等の面で学習条件が大きく異なる。

　文部科学省が平成28年に行った「日本語指導が必要な児童生徒の受入状況等に関する調査」によると、日本語指導が必要な児童生徒（日本国籍の帰国児童生徒等を含む）の数は43,947人で前回調査（平成26年）より6,852人［18.5％］増加した。現在の日本社会の情勢からすると、今後もこの傾向は続くと予想され、学校現場における日本語教育の在り方を喫緊の課題とする小・中学校の数は増加している。

2）国語科教育と日本語教育との差異

　子供が母語を獲得するときには、障害がある場合を除けば、どの子供も同じように話したり聞いたりできるようになる。つまり、日本の子供は小学校入学時までに、日本語の多様な文法や文型を獲得している。だから、「友達と　学校に　行った」と言うところを「行った　友達に　学校を」と言えば、誰もがおかしいと気が付く。国語科教育の主たる目的は、このように子供たちが自然と獲得した文法や文型を基盤として、日本語をうまく運用する方略を身に付けさせることである。つまり、正確、且つ適切に話したり、聞いたり、書いたり、読んだりできるようにするための方略を身に付けさせるのである。そのために国語科教育の教科書は、様々な方略を要する話す、聞く、書く、読む場面を子供に提供するように作成してある。

　これに対して、日本語教育は、日本の子供が自然と獲得する文法、文型、語彙等の特定の部分に焦点を当て、意図的に身に付けさせることに重点が置かれる。このとき、特に次のことに留意しなければならない。

　まず、日本語教育の学習者は、すでに一つの言語を身に付けているので、日本語を習得する過程で、様々な形で母語の言語特性の影響を受けるということである。例えば、文法が日本語と似ている韓国語話者や漢字を共有する中国語話者は欧米形の学習者より有利である。また、英語話者は日本語文との語順の違いに戸惑う傾向にある。

　次に、日本語教育の学習者は、すでにある程度の一般的な認知力を有しているということである。世の中の事象や習慣についての知識を利用して学習を進めることができ、また、理屈で文法規則を理解することもできるということは、学習指導をする上で極めて重要になる。

　それでは、国語科教育と日本語教育は教育方法には具体的にどのような違いがあるのだろうか。

　例えば、国語科教育でも文法の知識を指導することがあるが、その場合、子供は無意識に使用している文法を意識化することになる。これに対して、日本

語教育の学習者は、文法、文型、語彙等を知ってから、それらを使用できるようになるのである。一例を挙げると、動詞を「〜下さい」の形に言い換える際、「よぶ」「とぶ」等のバ行で言い切る動詞は「よんで」「とんで」のように、また、「かえる」「はしる」等のラ行で言い切る動詞は「かえって」「はしって」のように変化させる（例外あり）等のルールをまずは知る必要がある。そして、その言葉を用いるべき状況の意味を理解して、そこに言葉を乗せていくといった指導がよく行われる。

　また、国語科教育は学習指導要領に準拠しているので、各学年の年間計画に設定される学習指導のねらいが、全国のどの学校においてもほぼ同じである。だから、中心となって用いられる教材は教科書である場合がほとんどである。これに対して、日本語教育の学習者は、就学、就職、生活、趣味などの学習の動機や目的が多様であるため、それぞれの授業内容、到達目標のレベルが様々である。そして、学習者に修得させようとする文型を用いるべき状況の意味を理解させるために、映像や絵などの視覚教材が多く用いられることも日本語教育の特徴である。

3) これからの国語科教育と日本語教育

　国語科教育では、国語の大切さを自覚し、国語を尊重する態度を養うことが目標の一つである。同様に、日本語教育を学校現場や地域社会で推進していくに当たっては学習者の母国語や母国の文化についても尊重することを忘れてはならない。また、学習者が日本語を上手に話せないというだけで、過剰に、庇護の対象と捉えたり子供扱いしたりすることにも注意が必要である。

　さて、国語科教育と日本語教育のそれぞれの研究・実践は、互いに影響を受けて深化、発展してきた歴史がある。今後も、国語科教育の質を高めていくには、日本語教育の、「使えない」が故に教えるべき内容を具体的に学習者に示して意識させること、あるいは学習者の背景が多様であるが故にそれぞれの情緒的・認知的要因を重視しながら授業づくりをすること等に関する議論に学ぶことは多い。

（丹生裕一）

9. 幼小連携

1）なぜ幼小連携なのか

　1990年代後半、小学校1年生の授業が成立しない、いわゆる「小1プロブレム」が広く社会に知られるようになった。「小1プロブレム」の背景には、子供の心身発達や子育ての孤立化などがあるとされたが、主体的な遊びを重視する就学前教育と教師主導の教科学習による学校教育の段差の大きさ、学校園間の連携の乏しさなど教育上の問題も指摘された。

　こうした小1プロブレムの解決に向けて、様々な自治体、学校園が幼小連携に取り組むようになっていったのである。

2）幼小連携のこれまでの取組

（1）子供をつなぐ

　子供をつなぐ取組には、主に①園の活動と小学校の学習を交流させるもの、②園児が小学校生活を体験するものがある。前者は、園の活動あるいは生活科の学習で、昔遊びやお祭り、お店屋さん等を計画し、そこに園児あるいは児童を招待する、国語科の学習で児童が園児に読み聞かせする等の取組である。後者は、園児が1年生のクラスに一日体験入学をし、小学校の授業や生活、施設の様子を知る機会を設ける取組である。

　子供同士のつながりを作ることで、園児が小学生や小学校生活に憧れの気持ちをもち、安心して学校生活をスタートさせるねらいがある。逆に小学生にとっても、来年自分たちがお世話をする新1年生の名前を覚え親しくなったり、自分たちの成長を感じられたりする機会となる。園児と小学生双方の活動のねらいを明確にし、互恵的な交流活動を実現することが重要である。

(2) 大人をつなぐ

　大人をつなぐ試みには、①保育者と小学校教師の連携、②学校園等と保護者の連携がある。前者のねらいは、子供たちが安心して小学校入学後の生活や学習に取り組めるようにするため、保育者と小学校教師が、幼稚園、認定こども園、保育所と小学校の施設や生活、学び方の違いについて互いに理解を深め、移行期の子供たちへの支援や指導をよりよいものにすることである。保育や授業を参観し合う、合同研修会を開く、就学する子供一人一人の情報を小学校教師が保育者から丁寧に聞き取りをして学級編成等に生かすといった取組がなされている。後者は学校園等と保護者との連携であるが、保護者は子供の就学に際し、学習や生活、友人関係等に不安を抱いていることも多い。こうした保護者の不安を払しょくするために、小学校教師が園に出向き、就学に関する保護者会を開く取組もなされている。また、特別な支援を必要とする子供の保護者は、保育者、医療・療育に携わった関係機関と共に支援の必要な点等について、各自治体で用意している「就学支援シート」に記入し、小学校教師と情報共有することで、安心して小学校生活をスタートできるようにしている。

3）これからの幼小連携―連携から接続へ―

　こうした子供間、大人間の連携は子供が小学校生活に適応するには有効であるものの、幼児期の子供の学びを小学校の学習に効果的につなぎ、伸ばしていくのには不十分であった。小学校入学時が学習のスタート地点ではない。乳幼児期の豊かな子供の学びを基盤に小学校以上の学習をさらに充実させるには、連携から一歩進んで、接続期の教育課程を検討する必要がある。接続期カリキュラムの編成にあたっての基本的な考え方は、平成29年告示小学校学習指導要領に、以下のように述べられている。

> 　低学年においては、第1章総則の第2の4の（1）を踏まえ、他教科等との関連を積極的に図り、指導の効果を高めるようにするとともに、幼稚園教育要領等に示す幼児期の終わりまでに育ってほしい姿との関連を考慮

> すること。特に、小学校入学当初においては、生活科を中心とした合科的、関連的な指導や弾力的な時間割の設定を行うなどの工夫をすること。
> （平成29年告示小学校学習指導要領「第3 指導計画の作成と内容の取扱い」より）

　幼児は発達の特性上、自発的な遊びや生活を通して主体的に環境に関わることで資質・能力を総合的に育むことが望ましい。低学年の児童もまだ幼児期の発達の特性をもっており、幼児期の総合的な学びの在り方とつながりをもたせた生活科を中心とする合科的・関連的な指導を行ったり、一人一人机に座って学ぶ形態に慣れていないため10～15分程度の短い区切りで指導を行う弾力的な時間割を設定したりする工夫も重要である。また、国語科のスタートカリキュラムでまず大切にすべきことは、国語科と関連のある「数量や図形、標識や文字などへの関心・感覚」、「言葉による伝え合い」等幼児期の終わりまでに育ってほしい姿に見られる資質・能力の育ちと、国語科で育成すべき資質・能力とのつながりに配慮することである。幼稚園幼児指導要録等保育者からの引き継ぎ資料から見える子供の姿、小学校の担任から見た子供の姿、そして子供に直接「幼稚園（保育所、認定こども園）ではどうだった？」と問い掛けることを通して見えてくる子供の姿に基づき、幼児教育から小学校教育への連続性のある指導計画を構想することが重要である。さらに読み聞かせや手紙を書き合う等幼児期に行なわれていた遊びを生かした言語活動を取り入れるなどの学習方法や、4人班の形で座る、椅子を車座に並べて座るなどの学習形態を、幼児期の学びの在り方を参考に工夫することも大切にしたいものである。

（吉永安里）

引用・参考文献
文部科学省国立教育政策研究所教育課程研究センター（2018）『発達や学びをつなぐスタートカリキュラム―スタートカリキュラム導入・実践の手引き』学事出版
無藤隆編著『幼児期の終わりまでに育ってほしい10の姿』（2018）東洋館出版社

10. 国語科教師の専門的力量形成

1）教えることを前提とした教科内容に関する知識（PCK）

　教師がよりよい授業を行えるようになるためには何が必要か、対極的な二つの考え方がある。一つは、教科内容への知識を高めれば（例えば、文学作品を扱う場合、作品そのものへの理解を深めれば）、それが可能になるという考え方である。もう一つは、教え方に関する知識を高めれば（例えば、協同学習の技法をより多く学べば）、それが可能になるという考え方である。

　けれども、実際にはもちろん、いずれかのみでは十分ではない。L. ショーマン（1987）は、教師に特徴的な知識領域として、「教えることを前提とした教科内容に関する知識」（pedagogical content knowledge: PCK）を挙げた。これは、教科内容に関する知識と教え方に関する知識の融合である。例えば、文学作品について教える場合であれば、単に作品に関する知識というだけでなく、その作品に対して子供が（本来なら作品理解の鍵となるべき）どこを読み過ごしてしまいがちなのか、そしてどんな問い掛けによって子供の目をそこに向けさせることができるのか、といったことについての知識である。これは、作品の内容と結び付いている点で、汎用的な教え方の知識とは異なる。国語科の専門的力量の形成を考える場合、こうした「教えることを前提とした教科内容に関する知識」の視点が重要となる。

2）省察を通しての成長

　泳ぎ方について解説した本をいくら読んでもそれだけでは実際に泳げるようにならないのと同様、授業の進め方について述べた本や学習指導案をいくら読んでもそれだけでは実際によりよい授業を行えるようにはならない。授業実践

は、定式化された手順の機械的な適用ではなく、状況と対話しながら次のふるまいを生み出していく創造的な行為だからである。そのため、実際に授業を行いそこで起きたことから学ぶことが不可欠である。経験に省察（reflection）が伴うことで、教師としての専門的力量の伸長が可能になる。

　ただし、出来事を振り返りさえすれば同じように有意義な省察がもたらされるわけではない。F. コルトハーヘンは、省察の理想的なプロセスを表すものとして、「ALACTモデル」を唱えている（2010）。これは、省察を、「行為」「行為の振り返り」「本質的な諸相への気づき」「行為の選択肢の拡大」「試み」の五つの局面からなるサイクルとして捉えるものである。「何が生じていたか」の把握（「行為の振り返り」）のあと、いきなり「次にどうすればよいか」（「行為の選択肢の拡大」）に進むのではなく、まずそこで生じている問題を掘りさげること（「本質的な諸相への気づき」）の必要性を示している点が特徴的である。コルトハーヘンは、そのための手掛かりとして、教師と子供それぞれの側の感情・思考・ニーズ・行為を明らかにし、それらの間の関係に注目することを挙げている。例えば、6年生の「やまなし」（宮澤賢治・作）の授業の場合であれば、教師側は「『五月』の場面と『十二月』の場面の特徴の違いを感じとって、それぞれの情景をイメージしてほしい」という思いをもっていたのに対して、子供側が行っていたのは対義語になりそうな単語の抜き出しにとどまっていた、といったズレに注目して、子供はどう考えてそうした行為にいたったのか、なぜこうしたズレが生じたのか、そこに教師のどんな暗黙の想定があるのかなどを掘り下げるのである。こうした省察は、「授業力チェックリスト」に基づく振り返りなどとは異なり、既有の枠組み自体を問い直す可能性をもつものである。

　省察を促進するための仕掛けについてはさまざまな形態が考案・実践されてきた。例えば、主に国語科の領域で「授業リフレクション研究」を進めてきた澤本和子は、メンターによる問いかけを軸にして進む「対話リフレクション」などの形を挙げている（澤本2016）。

3）学び手としての教師

　教師が知識を保有していてそれを子供に伝授するという伝達モデルではなく、知識を生み出してきた文化的活動に教師も子供も参入しそこで教師が先達として子供を導くという共同参加モデルをとるならば、教師は、教え手である前に一人の学び手である必要がある。教師がまず一人の人間として作品に向き合ったり活動を体験したりする必要があるのである。

　これは、授業の省察の在り方にも関わる。授業の省察において、子供の姿に着目することの必要性は繰り返し指摘されてきた。ただし、その際、傍観者的な視点で子供のふるまいをチェックするように眺めるのと、自らもその授業に参加しているような視点で共感的に子供のふるまいを受け止めるのとでは、見えてくるものが異なる。自身の枠組みを問い直すような深い省察のためには後者が必要となる。教師自身が学び手になって活動し学び手としての感覚を活性化させることは、後者の姿勢を後押しする（渡辺 2019）。

　国語科の場合、授業中に教師が発する言葉や子供とのやりとりはすべて、言葉の実際的な使用という点で、教師による国語科の教科内容の実践でもある。自身の説明が的を射ない教師に「分かりやすい説明の仕方」を説かれても説得力がない。鶴田（2007）が述べるように、教師は「自らが言語行為者として『よいモデル』―よい話し手、よい聞き手、よい書き手、よい読み手―とならなければならない」のである。教師は、言葉の使い方に敏感になり、子供に対して求めるような言語行為を自身は実践しているか、自問する必要がある。

（渡辺貴裕）

引用・参考文献
コルトハーヘン・フレット編著、武田信子監訳（2010）『教師教育学』学文社
澤本和子、授業リフレクション研究会編著（2016）『国語科授業研究の展開』東洋館出版社
鶴田清司（2007）『国語科教師の専門的力量の形成』溪水社
渡辺貴裕（2019）『小学校の模擬授業とリフレクションで学ぶ 授業づくりの考え方』くろしお出版
Shulman, Lee S. (1987) "Knowledge and Teaching: Foundations of the New Reform." *Harvard Educational Review*, Vol. 51, No. 1, pp. 1-22.

付録1　近代国語教育史年表

西暦	年号	項目（○は書名、pdfは学会ホームページ参照）
1872	明治5	学制／小学教則／師範学校設置
1873	6	師範学校小学教則○小学読本（文部省・田中義廉）
1874	7	○小学入門（文部省）○小学読本（文部省・榊原芳野）
1879	12	教育令
1880	13	改正教育令
1881	14	小学校教則綱領／中学校教則大綱
1882	15	○和文読本（稲垣千頴）
1886	19	小学校令・小学校ノ学科及其程度／中学校令・尋常中学校ノ学科及其程度○読書入門（文部省）
1887	20	○尋常小学読本（文部省。翌年、高等小学読本）
1889	22	大日本帝国憲法
1890	23	小学校令改正／教育勅語
1891	24	小学校教則大綱
1894	27	尋常中学校ノ学科及其程度改正
1895	28	高等女学校規程○国語のため（上田万年）
1897	30	○広日本文典・同別記（大槻文彦）
1899	32	中学校令改正／高等女学校ノ学科及其程度ニ関スル規則
1900	33	小学校令改正・小学校令施行規則
1901	34	中学校令施行規則／高等女学校令施行規則
1902	35	中学校教授要目
1903	36	高等女学校教授要目
1904	37	○国定国語教科書（第一期）○「教育研究」創刊（東京高師附小）
1905	38	文法上許容スベキ事項（文部省）
1907	40	小学校令中改正・同施行規則
1910	43	高等女学校令改正・高等女学校令施行規則改正○第二期国定国語教科書
1911	44	中学校令施行規則改正・中学校教授要目改正／高等女学校及実科高等女学校教授要目
1913	大正2	○綴り方教授（芦田恵之助）
1914	3	○「学校教育」創刊（広島高師附小）
1916	5	○口語法（国語調査委員会）○「国語教育」創刊（保科孝一）
1917	6	○口語法別記（国語調査委員会）
1918	7	○第三期国定国語教科書○綴方教授法の原理及実際（友納友次郎）○「赤い鳥」創刊（鈴木三重吉）
1921	10	○小倉講演　綴方教授の解決（白鳥千代三）

年	元号	事項
1922	11	○国語の力（垣内松三）○「学習研究」創刊（奈良女高師附小）
1929	昭和4	○国語国文の教育（西尾実）○「綴方生活」創刊
1931	6	中学校令施行規則改正、中学校教授要目改正
1933	8	○第四期国定国語教科書
1934	9	○独立講座「国語教育科学」（全9巻）（垣内松三）○「実践国語教育」（西原慶一）創刊
1935	10	○教育的解釈学（石山脩平）○国文学と国語教育（石井庄司）
1937	12	○中学校教授要目・師範学校教授要目・高等女学校教授要目・高等学校高等科教授要目改正　○「国語教育論」（石山脩平）
1938	13	○「形象論序説」（垣内松三）○「教式と教壇」（芦田恵之助）
1941	16	国民学校令・国民学校令施行規則
1942	17	○第五期国定国語教科書○「標準漢字表」発表
1943	18	中等学校令・中学校規程・中学校教科教授及修練指導要目○日本語教授法原論（山口喜一郎）
1945	20	日本教育制度ニ対スル管理政策指令（連合国軍最高司令部）
1946	21	日本国憲法／アメリカ教育使節団報告書／当用漢字表・現代かなづかい○新教育指針（文部省）
1947	22	教育基本法／学習指導要領国語科編（試案）○第六期国定国語教科書（文部省）○言葉とその文化（西尾実）
1948	23	全日本国語教育協議会結成／検定教科書の使用実施／当用漢字別表・当用漢字音訓表○国語問題と国語教育（時枝誠記）
1949	24	○国語単元学習と評価法（倉澤栄吉）
1950	25	全国大学国語教育学会（以下、本学会）結成
1951	26	小学校学習指導要領国語科編／中・高学習指導要領国語科編（試案）○日本人の読み書き能力（同調査委員会）○義務教育における漢字学習に関する調査報告（文部省）○国語科概説（本学会）
1952	27	教育指導官講習（IFEL）○本学会「国語科教育」第一集　○児童生徒の漢字を書く能力とその基準（文部省）○言語教育と文学教育・生活綴方と作文教育（金子書房）
1953	28	学校図書館法○国語教育実践講座（全12巻）（牧書店）
1954	29	日本国語教育学会結成○児童生徒のかなの読み書き能力（文部省）○中学校・高等学校学習指導法・国語科編（文部省）○単元学習の理解のために（文部省）○入門期の言語能力（国立国語研究所、以下国語研）○国語科学習指導研究双書（全4巻）（本学会）
1955	30	○国語学辞典（東京堂）○読みの実験的研究（国語研）
1956	31	○低学年の読み書き能力（国語研）
1957	32	○国語の系統学習（日本国語教育学会）○国語教育辞典（朝倉書店）
1958	33	小学校学習指導要領／中学校学習指導要領○筆順指導の手引き（文部省）○国語教育のための国語講座（朝倉書店）○教育基本語彙（阪本一郎）○国語教育科学講座（全5巻）（本学会）

年	№	事項
1959	34	NHK教育テレビ放送開始○「教育科学国語教育」（明治図書）創刊
1960	35	高等学校学習指導要領○高学年の読み書き能力（国語研）
1961	36	○話しことばの会創立
1962	37	○中学校国語科学習指導法（ことばのきまり編）（文部省）○国語指導法事典（輿水実）○講座生活綴方（全5巻）（日本作文の会）
1963	38	○書くことの学習指導1（文部省）○文章構成法（森岡健二）
1964	39	○「小学生の言語能力の発達」（国語研）
1965	40	○国語教育方法論史（飛田多喜雄）○国語科の基本的指導過程（全5巻）（輿水実）○作文教育の探求（高森邦明）
1966	41	○国語科教育の研究（教員養成学部教官研究集会国語教育部会）○一読総合法入門（児言研）
1967	42	○現代読書指導事典（阪本一郎他）
1968	43	小学校学習指導要領○国語教育の改造（全3巻）（本学会）
1969	44	中学校学習指導要領○国語教育学原論（平井昌夫）
1970	45	高等学校学習指導要領
1971	46	○国語教育誌（全日本国語教育学会）創刊○中学生の漢字習得に関する研究（国語研）○国語科読書指導の理論（望月久貴）
1972	47	○国語科指導法の改造（全3巻）（本学会）○幼児の読み書き能力（国語研）○作文指導事典（井上敏夫他）
1973	48	当用漢字改定音訓表○文芸作品の主題の理論と指導（蓑手重則）○国語教育原論（野地潤家）
1974	49	○西尾実国語教育全集（全12巻）
1975	50	○近代国語教育論大系（全15巻）○豊かな国語教室（長谷川孝士）○言語行動主体の形成（田近洵一）○波多野完治国語教育著作集（全2巻）
1976	51	○青木幹勇授業技術集成（全5巻）
1977	52	小学校学習指導要領／中学校学習指導要領○日本作文綴方教育史Ⅰ（滑川道夫）○言語論理教育への道（井上尚美）○文章理解力の基礎指導（藤井圀彦）○自己変革に導く文学教育（森本正一）○国語科・中心領域と教材開発法（竹岡正夫）
1978	53	高等学校学習指導要領○戦後文学教育方法論史（浜本純逸）○「ひとり学びを育てるノート・レポート学習」（斉藤喜門）○文学教育の坩堝（竹長吉正）
1979	54	○漢文教育序説（長谷川滋成）
1980	55	○国語学大辞典（国語学会）○講座国語科教育の探究（本学会）○主題認識の構造（市毛勝雄）○説明的文章の教材研究論（渋谷孝）○生活綴方研究（川口幸宏）○児童文化の理論と実際（小川利雄）
1981	56	常用漢字表○講座国語科教育の探究（全3巻）（本学会）○漢字教育の基礎研究（小林一仁）○国語教育史資料（全6巻）（東京法令）○増淵恒吉国語教育論集（全3巻）○月刊国語教育（東京法令）創刊○中学校国語科教育法（松山羊一）

年		事項
1982	57	○井上敏夫国語教育著作集（全5巻）○西郷竹彦文学教育著作集（全23巻）○大村はま国語教室（全16巻）
1983	58	○国語学力論と実践の課題（本学会）○新しい詩教育の理論（足立悦男）○国語科教育における形象理論の研究（飛田隆）
1984	59	○国語科評価論と実践の課題（本学会）○国語科教育方法論大系（全10巻）（飛田多喜雄）○国語科論集（全5巻）（望月久貴）○認識主体を育てる説明的文章の指導（森田信義）○国語教育の記号論（井関義久）
1985	60	○読むことの教育と実践の課題（本学会）○文学教育の構想（田近洵一）
1986	61	○表現教育の理論と実践の課題（本学会）○国語教育と読者論（関口安義）○説明文教材の授業改革論（小田迪夫）○文章論と国語教育（永野賢）○国語科表現指導の研究（中洌正堯）
1987	62	○「言語」教育の理論と実践の課題（本学会）○倉澤栄吉国語教育全集（全12巻）○国語教育新論（湊吉正）
1988	63	○国語教育研究大辞典（国語教育研究所）○児童生徒の常用漢字の習得（国語研）○国語科教育学－到達点の整理と今後の展望－（望月善次編）
1989	平成元	小学校学習指導要領／中学校学習指導要領／高等学校学習指導要領○日本児童詩教育の歴史的研究（弥吉菅一）○『源氏物語』学習指導の探究（世羅博昭）
1990	2	○古典指導の方法（長尾高明）○意見文指導の研究（大西道雄）
1991	3	○大久保忠利著作選集（全6巻）
1992	4	○国語単元学習の新展開（全7巻）（日本国語教育学会）○秋田喜三郎研究（山本稔）
1993	5	○新しい学力観に立つ国語科の学習指導の創造（文部省）○新国語教育学研究（本学会）○国語教育基本論文集成（全30巻）（明治図書）
1994	6	○講座 音声言語の授業（全5巻）（高橋俊三）○表現開発の国語科授業（田中瑩一）○音声言語教育実践史研究（増田信一）
1995	7	○小学校国語指導資料 新しい学力観に立つ国語科の授業の工夫（文部省）○「読者論」に立つ読みの指導（全4巻）（田近・浜本・府川）
1996	8	○西郷竹彦文芸・教育全集（全33巻別巻3）
1997	9	○1960年代の初等国語科教育素描（中西一弘）○作文教育における創構指導の研究（大西道雄）○国語科教師教育の課題（本学会）
1998	10	小学校学習指導要領／中学校学習指導要領○明治前中期における日本的レトリックの展開過程に関する研究（有沢俊太郎）○野地潤家著作選集（全11巻・別巻2）○言語活動主義・言語生活主義の探究（桑原隆）
1999	11	高等学校学習指導要領○音声言語指導大事典（高橋俊三）○近代初等国語科教育成立の条件（藤原和好）
2000	12	第21期国語審議会答申「現代社会における敬意表現」「国際社会に対応する日本語の在り方」

年		
2001	13	○国語教育辞典（日本国語教育学会）○宇佐美寛問題意識集（全11巻）○戦後初期国語教科書史研究（吉田裕久）○語彙力と読書（塚田泰彦）○語彙力の発達とその育成（井上一郎）
2002	14	○OECD生徒の学習到達度調査（PISA）2000年調査国際結果報告書（国立教育政策研究所）○評価規準の作成、評価方法の工夫改善のための参考資料（国立教育政策研究所）○実験授業による授業改革の提案（本学会）○国語科教育学研究の成果と展望（本学会）○中等学校国語科教材史研究（橋本暢夫）○大正昭和初期における生活表現の綴り方の研究（高森邦明）
2004	16	文化審議会答申「これからの時代に求められる国語力について」○戦後作文・綴り方教育の研究（菅原稔）○近代日本における「国語科」の成立過程（小笠原拓）○芦田恵之助の綴り方教師修養論に関する研究（桑原哲朗）
2005	17	○読解力向上に関する指導資料（文部科学省（以下、文科省））○「読本」の研究（眞有澄香）○大槻和夫著作集（全9巻）○イギリス中等音声国語教育史研究（安直哉）○文学基礎論の構築（山元隆春）
2006	18	○国語施策百年史（文化庁）○〈対話〉による説明的文章の学習指導（河野順子）
2007	19	第1回全国学力・学習状況調査実施（文科省）○「創造的読み」の支援方法に関する研究（鹿内信善）○明治初期国語教育の研究（望月久貴）
2008	20	小学校学習指導要領／中学校学習指導要領○伝え合いを重視した高等学校国語科カリキュラムの実践的研究（井上雅彦）○ロシア・ソビエト文学教育史研究（浜本純逸）○母語教育という思想（難波博孝）○金子彦二郎の作文教育（田中宏幸）○日本・ベトナム比較言語教育史（村上呂里）○国語科の成立（甲斐雄一郎）○文法教育における構文的内容の取り扱いの研究（山室和也）
2009	21	高等学校学習指導要領○国語科教育実践・研究必携（全国大学国語教育学会）○戦後新教育における経験主義国語教育の研究（坂口京子）○国語科授業研究の深層（藤森裕治）
2010	22	○豊かな言語活動が拓く国語単元学習の創造（全7巻）（日本国語教育学会）○国語学力調査の意義と問題（本学会）○〈解釈〉と〈分析〉の統合をめざす文学教育（鶴田清司）○「国語」教育の思想（渡辺哲男）
2011	23	○言語活動の充実に関する指導事例集（文科省）○評価規準の作成、評価方法等の工夫改善のための参考資料（国立教育政策研究所）○国語教育総合事典（日本国語教育学会）○公開講座ブックレット1国語科授業分析研究の方法（本学会（pdf））○終戦直後の国語国字問題（甲斐睦朗）○話す・聞く能力育成に関する国語科学習指導の研究（若木常佳）○芥川龍之介編『近代日本文芸読本』と「国語」教科書（武藤清吾）○話しことば教育の実践に関する研究（有働玲子）○〈実践＝教育思想〉の構築（森美智代）○ドイツ作文教育受容史の研究（前田眞証）○高等学校国語科の教科構造（幸田国広）

年		
2012	24	○公開講座ブックレット2・3国語教科書研究の方法1・2（本学会（pdf））○昭和戦前期の綴り方教育にみる「形式」「内容」一元論（大内善一）○西尾実、この多様にして複雑な存在 表現教育論と教育思想（竹長吉正）○読むという行為を推進する力（寺田守）
2013	25	○国語科教育学研究の成果と展望Ⅱ（本学会）○公開講座ブックレット4国語科教材研究の方法（本学会（pdf））○説明的文章の学習活動の構成と展開（吉川芳則）○分断国家の国語教育と在日韓国・朝鮮学校の民族語教育（朴校熙）○国語科教師の学び合いによる実践的力量形成の研究（細川太輔）○イギリス初等教育における英語（国語）科教育改革の史的展開（松山雅子）
2014	26	○明治初等国語教科書と子ども読み物に関する研究（府川源一郎）○構想力を育む国語教育（竜田徹）
2015	27	○国語教育研究手法の開発（本学会）○大正新教育と〈読むこと〉の指導（秋保恵子）
2016	28	○国語教育における話し合い指導の研究（長田友紀）○発達モデルに依拠した言語コミュニケーション能力育成のための実践開発と評価（山元悦子）○峰地光重の教育実践（出雲俊江）
2017	29	小学校学習指導要領／中学校学習指導要領○公開講座ブックレット5国語科説明文教材の研究方法、同6「考えること」の指導研究（本学会（pdf））○説明的文章の読みの学力形成論（間瀬茂夫）○クリティカル・シンキング教育（酒井雅子）
2018	30	高等学校学習指導要領○国語教育における調査研究（本学会）国語科教育における理論と実践の統合（同左）○公開講座ブックレット7国語科の授業づくりと評価を考える、同8国語科授業の単元的展開、同9対話のある国語科授業づくり、同10インクルーシブ教育とアクティブ・ラーニング（本学会（pdf））○国語科教育に求められるヴィジュアル・リテラシーの探究（奥泉香）○「関係概念」に基づく古典教育の研究（渡辺春美）

（付記）個人の著作については本学会編『新たな時代を拓く小学校国語科教育研究』（2009）における年表、本学会編『国語科教育学研究の成果と展望Ⅱ』（2013）における学位論文リストを参照するとともに、1974年〜1992年は「石井賞」受賞対象書籍、2004年以降は本学会紀要「国語科教育」誌において書評対象とされた著作のうち、学位論文に基づくものを中心に取り上げた。副題は省略した。

付録2　小学校学習指導要領　国語

第1　目標

言葉による見方・考え方を働かせ，言語活動を通して，国語で正確に理解し適切に表現する資質・能力を次のとおり育成することを目指す。

(1) 日常生活に必要な国語について，その特質を理解し適切に使うことができるようにする。

(2) 日常生活における人との関わりの中で伝え合う力を高め，思考力や想像力を養う。

(3) 言葉がもつよさを認識するとともに，言語感覚を養い，国語の大切さを自覚し，国語を尊重してその能力の向上を図る態度を養う。

第2　各学年の目標及び内容

〔第1学年及び第2学年〕

1　目標

(1) 日常生活に必要な国語の知識や技能を身に付けるとともに，我が国の言語文化に親しんだり理解したりすることができるようにする。

(2) 順序立てて考える力や感じたり想像したりする力を養い，日常生活における人との関わりの中で伝え合う力を高め，自分の思いや考えをもつことができるようにする。

(3) 言葉がもつよさを感じるとともに，楽しんで読書をし，国語を大切にして，思いや考えを伝え合おうとする態度を養う。

2　内容

〔知識及び技能〕

(1) 言葉の特徴や使い方に関する次の事項を身に付けることができるよう指導する。

　ア　言葉には，事物の内容を表す働きや，経験したことを伝える働きがあることに気付くこと。

　イ　音節と文字との関係，アクセントによる語の意味の違いなどに気付くとともに，姿勢や口形，発声や発音に注意して話すこと。

　ウ　長音，拗音，促音，撥音などの表記，助詞の「は」，「へ」及び「を」の使い方，句読点の打ち方，かぎ（「　」）の使い方を理解して文や文章の中で使うこと。また，平仮名及び片仮名を読み，書くとともに，片仮名で書く語の種類を知り，文や文章の中で使うこと。

　エ　第1学年においては，別表の学年別漢字配当表（以下「学年別漢字配当表」という。）の第1学年に配当されている漢字を読み，漸次書き，文や文章の中で使うこと。第2学年においては，学年別漢字配当表の第2学年までに配当されている漢字を読むこと。また，第1学年に配当されている漢字を書き，文や文章の中で使うとともに，第2学年に配当されている漢字を漸次書き，文や文章の中で使うこと。

　オ　身近なことを表す語句の量を増し，話や文章の中で使うとともに，言葉には意味による語句のまとまりがあることに気付き，語彙を豊かにすること。

　カ　文の中における主語と述語との関係に気付くこと。

　キ　丁寧な言葉と普通の言葉との違いに気を付けて使うとともに，敬体で書かれた文章に慣れること。

　ク　語のまとまりや言葉の響きなどに気を付けて音読すること。

(2) 話や文章に含まれている情報の扱い方に関する次の事項を身に付けることができるよう指導する。

　ア　共通，相違，事柄の順序など情報と情報との関係について理解すること。

(3) 我が国の言語文化に関する次の事項を身に付けることができるよう指導する。

　ア　昔話や神話・伝承などの読み聞かせを聞くなどして，我が国の伝統的な言語文化に親しむこと。

　イ　長く親しまれている言葉遊びを通して，言葉の豊かさに気付くこと。

　ウ　書写に関する次の事項を理解し使うこと。

　　(ｱ)　姿勢や筆記具の持ち方を正しくして書くこと。

　　(ｲ)　点画の書き方や文字の形に注意しながら，筆順に従って丁寧に書くこと。

　　(ｳ)　点画相互の接し方や交わり方，長短や方向などに注意して，文字を正しく書くこと。

　エ　読書に親しみ，いろいろな本があることを知ること。

〔思考力，判断力，表現力等〕

A　話すこと・聞くこと

(1) 話すこと・聞くことに関する次の事項を身に付けることができるよう指導する。
　ア　身近なことや経験したことなどから話題を決め，伝え合うために必要な事柄を選ぶこと。
　イ　相手に伝わるように，行動したことや経験したことに基づいて，話す事柄の順序を考えること。
　ウ　伝えたい事柄や相手に応じて，声の大きさや速さなどを工夫すること。
　エ　話し手が知らせたいことや自分が聞きたいことを落とさないように集中して聞き，話の内容を捉えて感想をもつこと。
　オ　互いの話に関心をもち，相手の発言を受けて話をつなぐこと。
(2) (1)に示す事項については，例えば，次のような言語活動を通して指導するものとする。
　ア　紹介や説明，報告など伝えたいことを話したり，それらを聞いて声に出して確かめたり感想を述べたりする活動。
　イ　尋ねたり応答したりするなどして，少人数で話し合う活動。
B　書くこと
(1) 書くことに関する次の事項を身に付けることができるよう指導する。
　ア　経験したことや想像したことなどから書くことを見付け，必要な事柄を集めたり確かめたりして，伝えたいことを明確にすること。
　イ　自分の思いや考えが明確になるように，事柄の順序に沿って簡単な構成を考えること。
　ウ　語と語や文と文の続き方に注意しながら，内容のまとまりが分かるように書き表し方を工夫すること。
　エ　文章を読み返す習慣を付けるとともに，間違いを正したり，語と語や文と文との続き方を確かめたりすること。
　オ　文章に対する感想を伝え合い，自分の文章の内容や表現のよいところを見付けること。
(2) (1)に示す事項については，例えば，次のような言語活動を通して指導するものとする。
　ア　身近なことや経験したことを報告したり，観察したことを記録したりするなど，見聞きしたことを書く活動。
　イ　日記や手紙を書くなど，思ったことや伝えたいことを書く活動。
　ウ　簡単な物語をつくるなど，感じたことや想像したことを書く活動。
C　読むこと
(1) 読むことに関する次の事項を身に付けることができるよう指導する。
　ア　時間的な順序や事柄の順序などを考えながら，内容の大体を捉えること。
　イ　場面の様子や登場人物の行動など，内容の大体を捉えること。
　ウ　文章の中の重要な語や文を考えて選び出すこと。
　エ　場面の様子に着目して，登場人物の行動を具体的に想像すること。
　オ　文章の内容と自分の体験とを結び付けて，感想をもつこと。
　カ　文章を読んで感じたことや分かったことを共有すること。
(2) (1)に示す事項については，例えば，次のような言語活動を通して指導するものとする。
　ア　事物の仕組みを説明した文章などを読み，分かったことや考えたことを述べる活動。
　イ　読み聞かせを聞いたり物語などを読んだりして，内容や感想などを伝え合ったり，演じたりする活動。
　ウ　学校図書館などを利用し，図鑑や科学的なことについて書いた本などを読み，分かったことなどを説明する活動。

〔第３学年及び第４学年〕
1　目標
(1) 日常生活に必要な国語の知識や技能を身に付けるとともに，我が国の言語文化に親しんだり理解したりすることができるようにする。
(2) 筋道立てて考える力や豊かに感じたり想像したりする力を養い，日常生活における人との関わりの中で伝え合う力を高め，自分の思いや考えをまとめることができるようにする。
(3) 言葉がもつよさに気付くとともに，幅広く読書をし，国語を大切にして，思いや考えを伝え合おうとする態度を養う。
2　内容
〔知識及び技能〕
(1) 言葉の特徴や使い方に関する次の事項を身に付けることができるよう指導する。
　ア　言葉には，考えたことや思ったことを表す働きがあることに気付くこと。

イ　相手を見て話したり聞いたりするとともに，言葉の抑揚や強弱，間の取り方などに注意して話すこと。
　ウ　漢字と仮名を用いた表記，送り仮名の付け方，改行の仕方を理解して文や文章の中で使うとともに，句読点を適切に打つこと。また，第３学年においては，日常使われている簡単な単語について，ローマ字で表記されたものを読み，ローマ字で書くこと。
　エ　第３学年及び第４学年の各学年においては，学年別漢字配当表の当該学年までに配当されている漢字を読むこと。また，当該学年の前の学年までに配当されている漢字を書き，文や文章の中で使うとともに，当該学年に配当されている漢字を漸次書き，文や文章の中で使うこと。
　オ　様子や行動，気持ちや性格を表す語句の量を増し，話や文章の中で使うとともに，言葉には性質や役割による語句のまとまりがあることを理解し，語彙を豊かにすること。
　カ　主語と述語との関係，修飾と被修飾との関係，指示する語句と接続する語句の役割，段落の役割について理解すること。
　キ　丁寧な言葉を使うとともに，敬体と常体との違いに注意しながら書くこと。
　ク　文章全体の構成や内容の大体を意識しながら音読すること。
(2)　話や文章に含まれている情報の扱い方に関する次の事項を身に付けることができるよう指導する。
　ア　考えとそれを支える理由や事例，全体と中心など情報と情報との関係について理解すること。
　イ　比較や分類の仕方，必要な語句などの書き留め方，引用の仕方や出典の示し方，辞書や事典の使い方を理解し使うこと。
(3)　我が国の言語文化に関する次の事項を身に付けることができるよう指導する。
　ア　易しい文語調の短歌や俳句を音読したり暗唱したりするなどして，言葉の響きやリズムに親しむこと。
　イ　長い間使われてきたことわざや慣用句，故事成語などの意味を知り，使うこと。
　ウ　漢字が，へんやつくりなどから構成されていることについて理解すること。
　エ　書写に関する次の事項を理解し使うこと。
　　(ｱ)　文字の組立て方を理解し，形を整えて書くこと。
　　(ｲ)　漢字や仮名の大きさ，配列に注意して書くこと。
　　(ｳ)　毛筆を使用して点画の書き方への理解を深め，筆圧などに注意して書くこと。
　オ　幅広く読書に親しみ，読書が，必要な知識や情報を得ることに役立つことに気付くこと。
〔思考力，判断力，表現力等〕
A　話すこと・聞くこと
(1)　話すこと・聞くことに関する次の事項を身に付けることができるよう指導する。
　ア　目的を意識して，日常生活の中から話題を決め，集めた材料を比較したり分類したりして，伝え合うために必要な事柄を選ぶこと。
　イ　相手に伝わるように，理由や事例などを挙げながら，話の中心が明確になるよう話の構成を考えること。
　ウ　話の中心や話す場面を意識して，言葉の抑揚や強弱，間の取り方などを工夫すること。
　エ　必要なことを記録したり質問したりしながら聞き，話し手が伝えたいことや自分が聞きたいことの中心を捉え，自分の考えをもつこと。
　オ　目的や進め方を確認し，司会などの役割を果たしながら話し合い，互いの意見の共通点や相違点に着目して，考えをまとめること。
(2)　(1)に示す事項については，例えば，次のような言語活動を通して指導するものとする。
　ア　説明や報告など調べたことを話したり，それらを聞いたりする活動。
　イ　質問するなどして情報を集めたり，それらを発表したりする活動。
　ウ　互いの考えを伝えるなどして，グループや学級全体で話し合う活動。
B　書くこと
(1)　書くことに関する次の事項を身に付けることができるよう指導する。
　ア　相手や目的を意識して，経験したことや想像したことなどから書くことを選び，集めた材料を比較したり分類したりして，伝えたいことを明確にする

こと。
　　イ　書く内容の中心を明確にし，内容のまとまりで段落をつくったり，段落相互の関係に注意したりして，文章の構成を考えること。
　　ウ　自分の考えとそれを支える理由や事例との関係を明確にして，書き表し方を工夫すること。
　　エ　間違いを正したり，相手や目的を意識した表現になっているかを確かめたりして，文や文章を整えること。
　　オ　書こうとしたことが明確になっているかなど，文章に対する感想や意見を伝え合い，自分の文章のよいところを見付けること。
　(2)　(1)に示す事項については，例えば，次のような言語活動を通して指導するものとする。
　　ア　調べたことをまとめて報告するなど，事実やそれを基に考えたことを書く活動。
　　イ　行事の案内やお礼の文章を書くなど，伝えたいことを手紙に書く活動。
　　ウ　詩や物語をつくるなど，感じたことや想像したことを書く活動。
C　読むこと
　(1)　読むことに関する次の事項を身に付けることができるよう指導する。
　　ア　段落相互の関係に着目しながら，考えとそれを支える理由や事例との関係などについて，叙述を基に捉えること。
　　イ　登場人物の行動や気持ちなどについて，叙述を基に捉えること。
　　ウ　目的を意識して，中心となる語や文を見付けて要約すること。
　　エ　登場人物の気持ちの変化や性格，情景について，場面の移り変わりと結び付けて具体的に想像すること。
　　オ　文章を読んで理解したことに基づいて，感想や考えをもつこと。
　　カ　文章を読んで感じたことや考えたことを共有し，一人一人の感じ方などに違いがあることに気付くこと。
　(2)　(1)に示す事項については，例えば，次のような言語活動を通して指導するものとする。
　　ア　記録や報告などの文章を読み，文章の一部を引用して，分かったことや考えたことを説明したり，意見を述べたりする活動。
　　イ　詩や物語などを読み，内容を説明したり，考えたことなどを伝え合ったりする活動。
　　ウ　学校図書館などを利用し，事典や図鑑などから情報を得て，分かったことなどをまとめて説明する活動。

〔第5学年及び第6学年〕
1　目　標
　(1)　日常生活に必要な国語の知識や技能を身に付けるとともに，我が国の言語文化に親しんだり理解したりすることができるようにする。
　(2)　筋道立てて考える力や豊かに感じたり想像したりする力を養い，日常生活における人との関わりの中で伝え合う力を高め，自分の思いや考えを広げることができるようにする。
　(3)　言葉がもつよさを認識するとともに，進んで読書をし，国語の大切さを自覚して，思いや考えを伝え合おうとする態度を養う。
2　内　容
〔知識及び技能〕
　(1)　言葉の特徴や使い方に関する次の事項を身に付けることができるよう指導する。
　　ア　言葉には，相手とのつながりをつくる働きがあることに気付くこと。
　　イ　話し言葉と書き言葉との違いに気付くこと。
　　ウ　文や文章の中で漢字と仮名を適切に使い分けるとともに，送り仮名や仮名遣いに注意して正しく書くこと。
　　エ　第5学年及び第6学年の各学年においては，学年別漢字配当表の当該学年までに配当されている漢字を読むこと。また，当該学年の前の学年までに配当されている漢字を書き，文や文章の中で使うとともに，当該学年に配当されている漢字を漸次書き，文や文章の中で使うこと。
　　オ　思考に関わる語句の量を増し，話や文章の中で使うとともに，語句と語句との関係，語句の構成や変化について理解し，語彙を豊かにすること。また，語感や言葉の使い方に対する感覚を意識して，語や語句を使うこと。
　　カ　文の中での語句の係り方や語順，文と文との接続の関係，話や文章の構成や展開，話や文章の種類とその特徴について理解すること。
　　キ　日常よく使われる敬語を理解し使い慣れること。

ク 比喩や反復などの表現の工夫に気付くこと。
ケ 文章を音読したり朗読したりすること。
(2) 話や文章に含まれている情報の扱い方に関する次の事項を身に付けることができるよう指導する。
ア 原因と結果など情報と情報との関係について理解すること。
イ 情報と情報との関係付けの仕方，図などによる語句と語句との関係の表し方を理解し使うこと。
(3) 我が国の言語文化に関する次の事項を身に付けることができるよう指導する。
ア 親しみやすい古文や漢文，近代以降の文語調の文章を音読するなどして，言葉の響きやリズムに親しむこと。
イ 古典について解説した文章を読んだり作品の内容の大体を知ったりすることを通して，昔の人のものの見方や感じ方を知ること。
ウ 語句の由来などに関心をもつとともに，時間の経過による言葉の変化や世代による言葉の違いに気付き，共通語と方言との違いを理解すること。また，仮名及び漢字の由来，特質などについて理解すること。
エ 書写に関する次の事項を理解し使うこと。
(ｱ) 用紙全体との関係に注意して，文字の大きさや配列などを決めるとともに，書く速さを意識して書くこと。
(ｲ) 毛筆を使用して，穂先の動きと点画のつながりを意識して書くこと。
(ｳ) 目的に応じて使用する筆記具を選び，その特徴を生かして書くこと。
オ 日常的に読書に親しみ，読書が，自分の考えを広げることに役立つことに気付くこと。

〔思考力，判断力，表現力等〕
A 話すこと・聞くこと
(1) 話すこと・聞くことに関する次の事項を身に付けることができるよう指導する。
ア 目的や意図に応じて，日常生活の中から話題を決め，集めた材料を分類したり関係付けたりして，伝え合う内容を検討すること。
イ 話の内容が明確になるように，事実と感想，意見とを区別するなど，話の構成を考えること。
ウ 資料を活用するなどして，自分の考えが伝わるように表現を工夫すること。
エ 話し手の目的や自分が聞こうとする意図に応じて，話の内容を捉え，話し手の考えと比較しながら，自分の考えをまとめること。
オ 互いの立場や意図を明確にしながら計画的に話し合い，考えを広げたりまとめたりすること。
(2) (1)に示す事項については，例えば，次のような言語活動を通して指導するものとする。
ア 意見や提案など自分の考えを話したり，それらを聞いたりする活動。
イ インタビューなどをして必要な情報を集めたり，それらを発表したりする活動。
ウ それぞれの立場から考えを伝えるなどして話し合う活動。
B 書くこと
(1) 書くことに関する次の事項を身に付けることができるよう指導する。
ア 目的や意図に応じて，感じたことや考えたことなどから書くことを選び，集めた材料を分類したり関係付けたりして，伝えたいことを明確にすること。
イ 筋道の通った文章となるように，文章全体の構成や展開を考えること。
ウ 目的や意図に応じて簡単に書いたり詳しく書いたりするとともに，事実と感想，意見とを区別して書いたりするなど，自分の考えが伝わるように書き表し方を工夫すること。
エ 引用したり，図表やグラフなどを用いたりして，自分の考えが伝わるように書き表し方を工夫すること。
オ 文章全体の構成や書き表し方などに着目して，文や文章を整えること。
カ 文章全体の構成や展開が明確になっているかなど，文章に対する感想や意見を伝え合い，自分の文章のよいところを見付けること。
(2) (1)に示す事項については，例えば，次のような言語活動を通して指導するものとする。
ア 事象を説明したり意見を述べたりするなど，考えたことや伝えたいことを書く活動。
イ 短歌や俳句をつくるなど，感じたことや想像したことを書く活動。

ウ 事実や経験を基に，感じたり考えたりしたことや自分にとっての意味について文章に書く活動。

C 読むこと
(1) 読むことに関する次の事項を身に付けることができるよう指導する。
 ア 事実と感想，意見などとの関係を叙述を基に押さえ，文章全体の構成を捉えて要旨を把握すること。
 イ 登場人物の相互関係や心情などについて，描写を基に捉えること。
 ウ 目的に応じて，文章と図表などを結び付けるなどして必要な情報を見付けたり，論の進め方について考えたりすること。
 エ 人物像や物語などの全体像を具体的に想像したり，表現の効果を考えたりすること。
 オ 文章を読んで理解したことに基づいて，自分の考えをまとめること。
 カ 文章を読んでまとめた意見や感想を共有し，自分の考えを広げること。
(2) (1)に示す事項については，例えば，次のような言語活動を通して指導するものとする。
 ア 説明や解説などの文章を比較するなどして読み，分かったことや考えたことを，話し合ったり文章にまとめたりする活動。
 イ 詩や物語，伝記などを読み，内容を説明したり，自分の生き方などについて考えたことを伝え合ったりする活動。
 ウ 学校図書館などを利用し，複数の本や新聞などを活用して，調べたり考えたりしたことを報告する活動。

第3 指導計画の作成と内容の取扱い
1 指導計画の作成に当たっては，次の事項に配慮するものとする。
(1) 単元など内容や時間のまとまりを見通して，その中で育む資質・能力の育成に向けて，児童の主体的・対話的で深い学びの実現を図るようにすること。その際，言葉による見方・考え方を働かせ，言語活動を通して，言葉の特徴や使い方などを理解し自分の思いや考えを深める学習の充実を図ること。
(2) 第2の各学年の内容の指導については，必要に応じて当該学年より前の学年において初歩的な形で取り上げたり，その後の学年で程度を高めて取り上げたりするなどして，弾力的に指導すること。
(3) 第2の各学年の内容の〔知識及び技能〕に示す事項については，〔思考力，判断力，表現力等〕に示す事項の指導を通して指導することを基本とし，必要に応じて，特定の事項だけを取り上げて指導したり，それらをまとめて指導したりするなど，指導の効果を高めるよう工夫すること。なお，その際，第1章総則の第2の3の(2)のウの(イ)に掲げる指導を行う場合には，当該指導のねらいを明確にするとともに，単元など内容や時間のまとまりを見通して資質・能力が偏りなく育成されるよう計画的に指導すること。
(4) 第2の各学年の内容の〔思考力，判断力，表現力等〕の「A話すこと・聞くこと」に関する指導については，意図的，計画的に指導する機会が得られるように，第1学年及び第2学年では年間35単位時間程度，第3学年及び第4学年では年間30単位時間程度，第5学年及び第6学年では年間25単位時間程度を配当すること。その際，音声言語のための教材を活用するなどして指導の効果を高めるよう工夫すること。
(5) 第2の各学年の内容の〔思考力，判断力，表現力等〕の「B書くこと」に関する指導については，第1学年及び第2学年では年間100単位時間程度，第3学年及び第4学年では年間85単位時間程度，第5学年及び第6学年では年間55単位時間程度を配当すること。その際，実際に文章を書く活動をなるべく多くすること。
(6) 第2の第1学年及び第2学年の内容の〔知識及び技能〕の(3)のエ，第3学年及び第4学年，第5学年及び第6学年の内容の〔知識及び技能〕の(3)のオ及び各学年の内容の〔思考力，判断力，表現力等〕の「C読むこと」に関する指導については，読書意欲を高め，日常生活において読書活動を活発に行うようにするとともに，他教科等の学習における読書の指導や学校図書館における指導との関連を考えて行うこと。
(7) 低学年においては，第1章総則の第2の4の(1)を踏まえ，他教科等との関連を積極的に図り，指導の効果を高めるようにするとともに，幼稚園教育要領等に示す幼児期の終わりまでに育ってほしい姿との関連を考慮すること。特に，小学校入学当初においては，生活科を中心とし

た合科的・関連的な指導や，弾力的な時間割の設定を行うなどの工夫をすること。
(8) 言語能力の向上を図る観点から，外国語活動及び外国語科など他教科等との関連を積極的に図り，指導の効果を高めるようにすること。
(9) 障害のある児童などについては，学習活動を行う場合に生じる困難さに応じた指導内容や指導方法の工夫を計画的，組織的に行うこと。
(10) 第1章総則の第1の2の(2)に示す道徳教育の目標に基づき，道徳科などとの関連を考慮しながら，第3章特別の教科道徳の第2に示す内容について，国語科の特質に応じて適切な指導をすること。
2 第2の内容の取扱いについては，次の事項に配慮するものとする。
(1) 〔知識及び技能〕に示す事項については，次のとおり取り扱うこと。
　ア 日常の言語活動を振り返ることなどを通して，児童が，実際に話したり聞いたり書いたり読んだりする場面を意識できるよう指導を工夫すること。
　イ 理解したり表現したりするために必要な文字や語句については，辞書や事典を利用して調べる活動を取り入れるなど，調べる習慣が身に付くようにすること。
　ウ 第3学年におけるローマ字の指導に当たっては，第5章総合的な学習の時間の第3の2の(3)に示す，コンピュータで文字を入力するなどの学習の基盤として必要となる情報手段の基本的な操作を習得し，児童が情報や情報手段を主体的に選択し活用できるよう配慮することとの関連が図られるようにすること。
　エ 漢字の指導については，第2の内容に定めるほか，次のとおり取り扱うこと。
　　(ｱ) 学年ごとに配当されている漢字は，児童の学習負担に配慮しつつ，必要に応じて，当該学年以前の学年又は当該学年以降の学年において指導することもできること。
　　(ｲ) 当該学年より後の学年に配当されている漢字及びそれ以外の漢字については，振り仮名を付けるなど，児童の学習負担に配慮しつつ提示することができること。
　　(ｳ) 他教科等の学習において必要となる漢字については，当該教科等と関連付けて指導するなど，その確実な定着が図られるよう指導を工夫すること。
　　(ｴ) 漢字の指導においては，学年別漢字配当表に示す漢字の字体を標準とすること。
　オ 各学年の(3)のア及びイに関する指導については，各学年で行い，古典に親しめるよう配慮すること。
　カ 書写の指導については，第2の内容に定めるほか，次のとおり取り扱うこと。
　　(ｱ) 文字を正しく整えて書くことができるようにするとともに，書写の能力を学習や生活に役立てる態度を育てるよう配慮すること。
　　(ｲ) 硬筆を使用する書写の指導は各学年で行うこと。
　　(ｳ) 毛筆を使用する書写の指導は第3学年以上の各学年で行い，各学年年間30単位時間程度を配当するとともに，毛筆を使用する書写の指導は硬筆による書写の能力の基礎を養うよう指導すること。
　　(ｴ) 第1学年及び第2学年の(3)のウの(ｲ)の指導については，適切に運筆する能力の向上につながるよう，指導を工夫すること。
(2) 第2の内容の指導に当たっては，児童がコンピュータや情報通信ネットワークを積極的に活用する機会を設けるなどして，指導の効果を高めるよう工夫すること。
(3) 第2の内容の指導に当たっては，学校図書館などを目的をもって計画的に利用しその機能の活用を図るようにすること。その際，本などの種類や配置，探し方について指導するなど，児童が必要な本などを選ぶことができるよう配慮すること。なお，児童が読む図書については，人間形成のため偏りがないよう配慮して選定すること。
3 教材については，次の事項に留意するものとする。
(1) 教材は，第2の各学年の目標及び内容に示す資質・能力を偏りなく養うことや読書に親しむ態度の育成を通して読書習慣を形成することをねらいとし，児童の発達の段階に即して適切な話題や題材を精選して調和的に取り上げること。また，第2の各学年の内容の〔思考力，判

断力，表現力等〕の「A話すこと・聞くこと」,「B書くこと」及び「C読むこと」のそれぞれの(2)に掲げる言語活動が十分行われるよう教材を選定すること。
(2) 教材は，次のような観点に配慮して取り上げること。
　ア　国語に対する関心を高め，国語を尊重する態度を育てるのに役立つこと。
　イ　伝え合う力，思考力や想像力及び言語感覚を養うのに役立つこと。
　ウ　公正かつ適切に判断する能力や態度を育てるのに役立つこと。
　エ　科学的，論理的に物事を捉え考察し，視野を広げるのに役立つこと。
　オ　生活を明るくし，強く正しく生きる意志を育てるのに役立つこと。
　カ　生命を尊重し，他人を思いやる心を育てるのに役立つこと。
　キ　自然を愛し，美しいものに感動する心を育てるのに役立つこと。
　ク　我が国の伝統と文化に対する理解と愛情を育てるのに役立つこと。
　ケ　日本人としての自覚をもって国を愛し，国家，社会の発展を願う態度を育てるのに役立つこと。
　コ　世界の風土や文化などを理解し，国際協調の精神を養うのに役立つこと。
(3) 第2の各学年の内容の〔思考力，判断力，表現力等〕の「C読むこと」の教材については，各学年で説明的な文章や文学的な文章などの文章の種類を調和的に取り扱うこと。また，説明的な文章については，適宜，図表や写真などを含むものを取り上げること。

別表

学年別漢字配当表

第一学年	一 右 雨 円 王 音 下 火 花 貝 学 気 九 休 玉 金 空 月 犬 見 五 口 校 左 三 山 子 四 糸 字 耳 七 車 手 十 出 女 小 上 森 人 水 正 生 青 夕 石 赤 千 川 先 早 草 足 村 大 男 竹 中 虫 町 天 田 土 二 日 入 年 白 八 百 文 木 本 名 目 立 力 林 六 (80字)
第二	引 羽 雲 園 遠 何 科 夏 家 歌 画 回 会 海 絵 外 角 楽 活 間 丸 岩 顔 汽 記 帰 弓 牛 魚 京 強 教 近 兄 形 計 元 言 原 戸 古 午 後 語 工 公 広 交 光 考 行 高 黄 合 谷 国 黒 今 才 細 作 算 止 市 矢 姉 思 紙 寺 自 時 室 社 弱 首 秋 週 春 書 少

学年	場色食心新親図数西声星晴切雪船線前組走多 太体台地池知茶昼長鳥朝直通弟店点電刀冬当 東答頭同道読内南肉馬売買麦半番父風分聞米 歩母方北毎妹万明鳴毛門夜野友用曜来里理話 （160字）
第三学年	悪安暗医委意育員院飲運泳駅央横屋温化荷界 開階寒感漢館岸起期客究急級宮球去橋業曲局 銀区苦具君係軽血決研県庫湖向幸港号根祭皿 仕死使始指歯詩次事持式実写者主守取酒受州 拾終習集住重宿所暑助昭消商章勝乗植申身神 真深進世整昔全相送想息速族他打対待代第題 炭短談着注柱丁帳調追定庭笛鉄転都度投豆島 湯登等動童農波配倍箱畑発反坂板皮悲美鼻筆 氷表秒病品負部服福物平返勉放味命面問役薬 由油有遊予羊洋葉陽様落流旅両緑礼列練路和 （200字）
	愛案以衣位茨印英栄媛塩岡億加果貨課芽賀改 械害街各覚潟完官管関観願岐希季旗器機議求 泣給挙漁共協鏡競極熊訓軍郡群径景芸欠結建

第四学年

参察刷札昨崎材埼最菜差佐康候香好功固験健
選戦浅説節折積席静清省成井信臣縄城照焼産
的底低兆沖仲置単達隊帯孫辛続側束巣倉争然
必飛飯阪博梅敗念熱梨奈栃徳特働灯努徒伝典
満末牧望法包便変辺別兵副富阜府付夫不標票
老連例冷令類輪量料良陸浴養要勇約無民未
労録

（202字）

第五学年

圧囲移因永営衛易益液演応往桜可仮価河過快
解格確額刊幹慣眼紀基寄規喜技義逆久旧救居
許境均禁句型経潔件険検限現減故個護効厚耕
航鉱構興講告混査再災妻採際在財罪殺雑酸賛
士支史志枝師資飼示似識質舎謝授修述術準序
招証象賞条状常情織職制性政勢精製税責績接
設絶祖素総造増則測属率損貸態団断築貯張
停提程適統堂銅導得毒独任燃能破犯判版比肥
非費備評貧布婦武復複仏粉編弁保墓報豊防貿
暴脈務夢迷綿輸余容略留領歴

（193字）

第六学年	簡 権 裁 従 聖 退 党 奮 預	看 絹 済 衆 盛 尊 展 腹 優	巻 券 座 就 寸 存 蔵 俵 郵	干 穴 砂 宗 推 展 臓 秘 訳	株 激 困 収 垂 操 痛 批 模	閣 劇 骨 若 仁 層 潮 晩 盟	革 警 穀 尺 針 装 腸 班 密	割 敬 刻 捨 蒸 創 頂 俳 幕	拡 系 鋼 射 障 窓 庁 肺 枚	灰 筋 降 磁 傷 奏 著 背 棒	我 勤 紅 誌 将 善 忠 拝 忘	恩 郷 皇 詞 承 銭 宙 派 亡	沿 胸 孝 諸 除 染 値 脳 訪	延 供 后 視 署 洗 暖 納 暮	映 吸 誤 姿 処 泉 段 乳 補	宇 疑 呼 私 純 専 誕 難 片	域 貴 己 至 熟 宣 探 届 閉	遺 揮 厳 蚕 縮 舌 担 糖 陛	異 机 源 冊 縦 誠 宅 並

胃 異 遺 域 宇 映 延 沿 恩 我 灰 拡 革 閣 割 株 干 巻 看 簡
危 机 揮 貴 疑 吸 供 胸 郷 勤 筋 系 敬 警 劇 激 穴 券 絹 権
憲 源 厳 己 呼 誤 后 孝 皇 紅 降 鋼 刻 穀 骨 困 砂 座 済 裁
策 冊 蚕 至 私 姿 視 詞 誌 磁 射 捨 尺 若 樹 収 宗 就 衆 従
縦 縮 熟 純 処 署 諸 除 承 将 傷 障 蒸 針 仁 垂 推 寸 盛 聖
誠 舌 宣 専 泉 洗 染 銭 善 奏 窓 創 装 層 操 蔵 臓 存 尊 退
宅 担 探 誕 段 暖 値 宙 忠 著 庁 頂 腸 潮 賃 痛 敵 展 討 党
糖 届 難 乳 認 納 脳 派 拝 背 肺 俳 班 晩 否 批 秘 俵 腹 奮
並 陛 閉 片 補 暮 宝 訪 亡 忘 棒 枚 幕 密 盟 模 訳 郵 優 預
幼 欲 翌 乱 卵 覧 裏 律 臨 朗 論　　　　　　　　　　（191字）

索　引

■あ■

ICT　　95、103、107、167、168、169
相手意識　　49、50、58、101、102、113、114、115、122、137
アクティブ・ラーニング　　25
遊び　　14、78、79、157、176、178
暗唱　　52、78、79
アンソロジー　　26、135、136
意見文　　45、50、110、122
一次的ことば　　112
一人称視点　　131
インクルージョン　　83、170
インタビュー　　91、154、163
OECD生徒の学習到達度調査　　159
音読　　20、23、26、50、52、74、78、79、133

■か■

学習課題　　22、23、45
学習過程　　21、22、26、27、47、56、57、58、59、88、94、104、105、112、114、120、125、141、166、167
学習指導案　　25、37、38、40、42、43、45、47、179
学習用語　　77
学制　　146、149
確認読み　　142、143、144
語り　　51、130、131、132
語り手　　51、130、131、132
学校図書館法　　162
カリキュラム・マネジメント　　40、152、153、154
考えの形成　　21、22、56、58、89、97、98、106、113、127、128、133、141
観察　　21、30、36、102、110、112、115、160
キー・コンピテンシー　　60
教育課程　　28、38、41、96、149、152、153、154、173、177、178
教科内容　　179、181
教材開発　　52、53、55、103
教材研究　　26、27、48、131、147
共通語　　7、8、93
協働　　59、107、135、155、156、157、158、159、160
共有　　21、22、43、58、59、63、88、89、90、97、98、100、106、112、114、119、121、122、127、128、130、133、135、141、154、156、169、172、174、177
虚構　　130
記録　　21、27、30、36、37、110、115、118、137、162
言語活動　　14、17、18、19、20、21、22、23、24、25、26、27、40、41、45、46、48、57、58、60、61、62、63、66、68、78、79、80、85、88、90、91、92、94、96、98、100、103、104、114、115、116、117、118、124、125、128、135、137、138、148、149、154、161、162、178
言語感覚　　17
言語論理教育　　76、77
言文一致体　　10
語彙指導　　70、71、72、73、162
構想　　14、29、42、45、48、60、63、79、85、91、100、108、109、116、120、123、149、178
交流　　59、87、96、107、111、114、119、122、128、138、140、176
国語科教師の専門的力量形成　　179
国語力　　25、149
言葉遊び　　14、78、79

■さ■

サクラ読本　　147
三人称視点　　131
思考ツール　　54、90、169
思考力・判断力・表現力等　　14、16、17、19、24、25、35、46、48、76、97、104、105、125、133、138
自己評価　　29、95、121
資質・能力　　12、13、14、16、17、18、19、20、22、24、31、35、37、45、46、56、60、72、79、114、125、138、149、152、178
視写　　26、109
司書教諭　　162
視点　　14、17、39、41、51、55、83、100、101、102、103、130、131、132、152、167、169、179、181
指導計画　　28、34、38、39、40、41、43、46、47、48、49、153、154、161、178
ジャンル　　78、86、108、109、110、111、120、123、137
小学校令　　9、11、92、146
情報活用　　152、168
常用漢字表　　70、71

索　引　199

書記言語　69
診断的評価　29
シンポジウム　59、101、159
推敲　21、58、74、106、107、114、119、120
スピーチ　50、92、93、97、163
生活綴り方　108、148
精査・解釈　21、22、58、97、126、127、133、134、141、142、144
全国学力・学習状況調査　149
センテンスメソッド　147
総括的評価　29
相互評価　29、95
創作　115、120、121、122、123

■た■

第一言語　6、7
第三の書く　124
題名読み　141
対話　25、26、40、41、56、57、58、59、60、61、62、96、97、98、99、103、107、113、115、119、128、135、137、138、140、152、155、157、160、166、180
単元計画　37、38、40、41、48、153、154
段落相互の関係　105
知識及び技能　14、19、20、22、24、25、26、27、31、46、48、66、67、69、71、76、79、80、81、85、88、91、104、114、133、134、161、162、163、164
知識基盤社会　60
中央教育審議会　16、19、20、24、56、60、159、166
ディベート　101
デジタル教材　167、168、169
伝統的な言語文化　21、78、79、80、133、162
討論　31、100
読書生活　34、35、36、84、85、87
読解力　20、36、126、149

■な■

二次的ことば　112
人間性　14、16、19、24、31、138
年間指導計画　38、39、40、41、46、48、49、153、154

■は■

ハタ・タコ読本　146
ハナ・ハト読本　147
パフォーマンス　31
場面意識　102
PDCAサイクル　28、29、37、153
批判的な読み　135
批判的読み　142、143、144
評価規準　40、41、45、46
評価基準　31
深い学び　25、26、27、41、57、58、60、61、62、96、103、128、140、152、155
ブッククラブ　87、160
振り返り　23、37、47、59、61、99、102、120、121、155、180
文化審議会　71、149
文章構成　108
方言　7、8、92
ポートフォリオ　30、37
母語　6、7、8、9、11、173、174

■ま■

学びに向かう力、人間性等　19、31
メタ認知　25、27、30、37、102、103、120、122、139、140
メディア・リテラシー　164、166
目的意識　49、58、102、120、122、137
黙読　50、130
モニタリング　102、120、139
物語論　130

■や■

要旨　137、146
要点　56、83、109、137
読み聞かせ　14、22、78、79、85、162、176、178

■ら■

リテラチャーサークル　160
レディネス　81
論理的思考　13、90、123、138、140、144

【編集委員会】所属は 2019 年 8 月現在

編集委員長　植山俊宏（京都教育大学教授）
小学校編編集責任者　丹藤博文（愛知教育大学教授）
小学校編編集担当　稲田八穂（筑紫女学園大学教授）
小学校編編集担当　細川太輔（東京学芸大学准教授）
中学校・高等学校編編集責任者　守田庸一（三重大学教授）
中学校・高等学校編編集担当　飯田和明（宇都宮大学准教授）
中学校・高等学校編編集担当　坂口京子（静岡大学教授）

【執筆者一覧】執筆順　所属は 2019 年 8 月現在

山元隆春（広島大学教授）…まえがき
難波博孝（広島大学教授）…Ⅰ-1
村上呂里（琉球大学教授）…Ⅰ-2
藤森裕治（信州大学教授）…Ⅰ-3
水戸部修治（京都女子大学教授）…Ⅱ-1
達富洋二（佐賀大学教授）…Ⅱ-2
寺井正憲（千葉大学教授）…Ⅱ-3
三浦和尚（愛媛大学教授）…Ⅱ-4
成田信子（國學院大學教授）…Ⅲ-1
熊谷芳郎（聖学院大学教授）…Ⅲ-2
佐野比呂己（北海道教育大学教授）…Ⅲ-3
上谷順三郎（鹿児島大学教授）…Ⅲ-4
幾田伸司（鳴門教育大学教授）…Ⅲ-5
原田義則（鹿児島大学准教授）…Ⅲ-6
住田勝（大阪教育大学教授）…Ⅲ-7
山室和也（国士舘大学教授）…Ⅳ-1-1-①〜③
長岡由記（滋賀大学准教授）…Ⅳ-1-1-④〜⑤
中村和弘（東京学芸大学准教授）…Ⅳ-1-1-⑥
幸坂健太郎（北海道教育大学准教授）…Ⅳ-1-2
八木雄一郎（信州大学准教授）…Ⅳ-1-3-①
松本仁志（広島大学教授）…Ⅳ-1-3-②
鈴木愛理（弘前大学講師）…Ⅳ-1-3-③
山元悦子（福岡教育大学教授）…Ⅳ-2-1-①
北川雅浩（熊本大学准教授）…Ⅳ-2-1-②-1）
安直哉（岐阜大学教授）…Ⅳ-2-1-②-2）
谷口直隆（広島修道大学准教授）…Ⅳ-2-1-②-3）
細川太輔（前掲）…Ⅳ-2-2-①
村井万里子（鳴門教育大学教授）…Ⅳ-2-2-②
稲田八穂（前掲）…Ⅳ-2-2-③-1）
木下ひさし（聖心女子大学教授）…Ⅳ-2-2-③-2）
藤井知弘（岩手大学教授）…Ⅳ-2-2-③-3）
松本修（玉川大学教授）…Ⅳ-2-3-①
丹藤博文（前掲）…Ⅳ-2-3-②-1）
今宮信吾（桃山学院教育大学准教授）…Ⅳ-2-3-②-2）
河野順子（白百合女子大学教授）…Ⅳ-2-3-③
吉field芳則（兵庫教育大学教授）…Ⅳ-2-3-④
河野智文（福岡教育大学教授）…Ⅴ
浮田真弓（岡山大学教授）…Ⅵ-1
渡辺哲男（立教大学准教授）…Ⅵ-2
成田雅樹（秋田大学教授）…Ⅵ-3
足立幸子（新潟大学准教授）…Ⅵ-4
奥泉香（日本体育大学教授）…Ⅵ-5
砂川誠司（愛知教育大学講師）…Ⅵ-6
原田大介（関西学院大学准教授）…Ⅵ-7
丹生裕一（就実大学教授）…Ⅵ-8
吉永安里（國學院大學准教授）…Ⅵ-9
渡辺貴裕（東京学芸大学准教授）…Ⅵ-10
甲斐雄一郎（筑波大学教授）…付録 1

新たな時代の学びを創る
小学校国語科教育研究

2019（令和元）年9月26日　初版第1刷発行
2024（令和6）年4月12日　初版第4刷発行

編　　　集：全国大学国語教育学会
発　行　者：錦織　圭之介
発　行　所：株式会社　東洋館出版社
　　　　　　〒101-0054　東京都千代田区神田錦町2丁目9番1号
　　　　　　　　　　　　コンフォール安田ビル2階
　　　　　　代　　表　電話03-6778-4343　FAX03-5281-8091
　　　　　　営業部　電話03-6778-7278　FAX03-5281-8092
　　　　　　振替　00180-7-96823
　　　　　　URL　https://www.toyokan.co.jp
装　　　幀：仲川里美（藤原印刷株式会社）
本文デザイン：仲川里美（藤原印刷株式会社）
印　刷　製　本：藤原印刷株式会社
ISBN978-4-491-03766-0

Printed in Japan